suhrkamp taschenbuch 258

D1334186

Peter Handke, 1942 in Griffen (Kärnten) geboren, lebt heute in Paris. 1973 wurde er mit dem Georg-Büchner-Preis ausgezeichnet. Prosa: *Die Hornissen; Der Hausierer; Begrüßung des Aufsichtsrats; Die Angst des Tormanns beim Elfmeter; Chronik der laufenden Ereignisse* (Filmbuch); *Der kurze Brief zum langen Abschied; Wunschloses Unglück; Falsche Bewegung* (Filmbuch); *Die Stunde der wahren Empfindung.* Stücke: *Publikumsbeschimpfung und andere Sprechstücke; Kaspar; Das Mündel will Vormund sein; Quodlibet; Wind und Meer* (Hörspiele); *Der Ritt über den Bodensee; Die Unvernünftigen sterben aus.* Gedichte: *Die Innenwelt der Außenwelt der Innenwelt. Als das Wünschen noch geholfen hat.* Reader: *Prosa, Gedichte, Theaterstücke, Hörspiel, Aufsätze; Ich bin ein Bewohner des Elfenbeinturms, Aufsätze.*

Wilhelm Meister lebt mit seiner Mutter in Heide so dahin, unlustig und voller Sehnsucht. Er möchte Schriftsteller werden. Unterwegs trifft er den alten Mann mit Mignon und die Schauspielerin Therese Farner. In Soest sprechen sie über die Einsamkeit und die Natur, über die Angst in Deutschland und über ihre Träume. Der Alte wurde seinerzeit aus einem fehlgeleiteten Naturgefühl erbarmungslos gegen die Menschen. Er tötete einen Juden; jetzt hofft er auf Vergessen in der Naturbetrachtung. Wilhelm sucht Therese und findet Mignon. Eine Zeitlang leben sie in Schwalbach im Taunus zusammen. Therese stört, daß Wilhelm beim Schreiben alles andere gleichgültig wird, der Alte ist hilflos und erbärmlich in seiner Einsamkeit; der alltägliche Wahnsinn ringsum nimmt zu. Therese bleibt mit Mignon zurück, als Wilhelm seine Reise durch Deutschland fortsetzt und auf der Zugspitze im Schneesturm mit dem eigentlichen Schreiben beginnt. Das ist die Geschichte der Filmerzählung *Falsche Bewegung.*

Wim Wenders hat im Herbst 1974 danach den gleichnamigen Film gedreht.

Peter Handke
Falsche Bewegung

Suhrkamp

Umschlagfoto:
Filmverlag der Autoren

suhrkamp taschenbuch 258
Erste Auflage 1975
© Suhrkamp Verlag Frankfurt am Main 1975
Suhrkamp Taschenbuch Verlag
Alle Rechte vorbehalten, die Rechte der
Buchpublikation und Übersetzung durch den
Suhrkamp Verlag, Frankfurt am Main,
das Recht der Aufführung, des öffentlichen
Vortrags, der Verfilmung sowie der
Übertragung durch Rundfunk und Fern-
sehen, auch einzelner Teile, durch den Verlag
der Autoren, Frankfurt am Main.
Satz: Libripresse, Kriftel.
Druck: Ebner, Ulm · Printed in Germany ·
Umschlag nach Entwürfen von
Willy Fleckhaus und Rolf Staudt

Falsche Bewegung

Der riesige Marktplatz von HEIDE in Schleswig-Holstein, mit den kleinen Häusern weit weg am Horizontrand.

Wilhelm von hinten. Er steht in einem der kleinen Häuser am Fenster und schaut hinaus.

Der Marktplatz, ein wenig mehr von oben.

Wilhelm, das Fensterkreuz und der Marktplatz. Eine Katze auf dem Fensterbrett.

Wilhelm zerschmettert mit der Faust die Fensterscheibe. Die Katze springt vom Fensterbrett.

Wilhelms Mutter, einen Wäschestapel auf dem Arm, läuft herein.

Wilhelm lutscht an der Faust.

Durch den Luftzug schlägt hinter der Mutter die Tür zu.

Das Haus von außen, mit einer weiten Fläche des Platzes davor.

Das Haus nahe: Wilhelm tritt mit verbundener Hand heraus.

Eine junge Frau geht vorbei.

Wilhelm stößt einen Todesschrei aus und hockt sich nieder.

Der Himmel über Heide.

Die Frau dreht sich im Gehen kurz um und lächelt amüsiert.

Die Mutter erscheint im Fenster, ein Bügeleisen in der Hand.

Wilhelms Gesicht.

Eine Straße auf dem Land in Schleswig-Holstein: Wilhelm fährt einhändig Rad.

Er fährt freihändig, mit gekreuzten Armen.

Hoch über der Marsch fährt in der Ferne eine Eisenbahn.

Die Nordsee bei Husum: Wilhelm sitzt am Strand, das Fahrrad neben sich.

Wilhelm nahe: er schreibt in ein Notizbuch.

Eine Seite des Notizbuchs, während Wilhelm schreibt: »Ich bin nicht verzweifelt, nur verdrossen und unlustig. Seit zwei Tagen habe ich kein Wort mehr herausgebracht. Ich habe ein Gefühl, als ob die Zunge aus dem Mund verschwunden ist. Nur im Schlaf spreche ich die ganze Nacht, sagt die Mutter. Ich möchte Schriftsteller werden. Aber wie ist das möglich ohne Lust auf Menschen?«

Das Meer.

Wilhelms Notizbuch, in das er weiterschreibt: »Das Meer. Das Meer. Das Meer, das Meer, das Meer.«

Die Nordsee, im Sonnenuntergangslicht.

Wilhelms Notizbuch, in das er notiert, was er rundherum sieht: »Teerspritzer, Plastikbecher, Möweneierschalen . . .« (usw.)

Nah: was er gerade beschrieben hat, ist zu sehen.

Wilhelms Notizbuch: »Wenn ich nur schreiben könnte . . .«

Die Nordsee am Abend, Wilhelm an derselben Stelle.

Ein Foto von Wilhelm als Kind an der Wand in seinem Elternhaus. Off die Stimme der Mutter: »Fast freue ich mich, daß du seit einiger Zeit so unmutig bist und den Mund nicht mehr aufmachst. Eigentlich habe ich schon seit langem darauf gewartet, daß du endlich unzufrieden wirst, über die Sonntagsunzufriedenheit hinaus.«

Die Mutter, mit Besen und Kehrichtschaufel in der Hand: »Ich möchte, daß du von hier weggehst. Ich werde das Geschäft an den Supermarkt verkaufen und dir einen Teil der Kaufsumme mitgeben. Wir beide haben lange genug das Wasser erneuert, damit der Schnittlauch frisch bleibt, und den Kunden die Wurst oh bitte feiner und noch feiner geschnitten.«

9

Die kehrende Mutter: »Auch für mich ist das kein Leben, und wahrscheinlich für niemanden. Ich werde mir von jetzt an schöne Tage machen. Ich werde rauchen, wenn ich über den Platz gehe, und im HEIDER HOF werde ich am Spätnachmittag meinen Martini trinken und dabei deine Briefe lesen. ›Bitte mit Eis‹, werde ich immer sagen, wenn ich den Martini bestelle.«

Wilhelm nahe: er öffnet die Lippen.

Wilhelm und die Mutter: »Nein, du brauchst nichts zu sagen, lieber Wilhelm. Wart damit, bis du anders nicht mehr kannst. Und verlier dein Unbehaglichkeitsgefühl und deinen Mißmut nicht, die wirst du brauchen, wenn du schreiben willst.«

Die Mutter entfernt sich mit Besen und Schaufel und kehrt sofort mit einem Kissenbezug wieder, in den sie jetzt ein Kissen steckt.

Das Gesicht der Mutter groß: »Die ganze letzte Nacht hast du nur geredet. Du erzähltest jemandem, wie du unter der Haut schwitztest. Wie eine gewachste Orange, hast du gesagt. Ich wiege nur noch neunhundert Gramm statt ein Kilo, hast du gesagt, die Kunden beschweren sich schon.«

Wilhelm lächelt. »Mutter, ich möchte dir etwas zeigen.« Er legt einen Zeitungsausschnitt auf den Tisch. Die Mutter setzt eine Brille auf und beugt sich darüber.

Ein Zeitungsfoto der Einkaufsstraße in Heide mit vielen Menschen. Ein Automatenpferd im Vordergrund, auf dem ein Kind reitet. Eine Unterzeile wie: »Erfolgreicher langer Samstag in Heide«. Die Stimme Wilhelms: »Der Passant hier bin nämlich ich.« Sein Finger zeigt auf einen Fußgänger neben dem Automatenpferd.

Wilhelms Gesicht: »Vor ein paar Wochen schlug ich die Zeitung auf, sah das Foto gar nicht recht an und erkannte auf einmal mich.«

Das Gesicht der Mutter. Wilhelm off: »Seitdem bin ich so unlustig. Es wurde mir klar, daß ich bis jetzt all die Jahre wirklich nichts anderes war als dieser beliebige Passant auf dem Foto. Das Foto war auch schon alles, was es über mich zu sagen gab. Ich muß versuchen, mehr über mich herauszufinden. Ich komme mir schon manchmal nur noch wie ein Posten in der Statistik vor.«

Wilhelms Gesicht: »Noch heute fahre ich weg. Ich muß noch den Koffer packen.«

Die Mutter: »Es ist schon alles bereit. Der Koffer ist in deinem Zimmer. Du brauchst ihn nur noch abzuschließen. Die nötigen Mittel für die erste Zeit liegen obenauf. Das weitere werde ich dir nach dem Verkauf des Geschäftes nachschicken.«

Sie gehen in Wilhelms Zimmer.

Der offene Koffer auf dem Bett: darin zuoberst das

Geld, das Wilhelm einsteckt, und Eichendorffs »Aus dem Leben eines Taugenichts« und »L'éducation sentimentale« von Flaubert.

Wilhelm schließt den Koffer.

Die Mutter: »Leisten wir uns heute ein Taxi zum Bahnhof. Der Eilzug in Richtung Hamburg fährt in einer halben Stunde.«

Wilhelm steht unschlüssig. Dann greift er in den Taschen herum. »Hier, das Taschentuch. Es ist schmutzig. Ich will es nicht mitnehmen.«

Die Mutter nimmt das Taschentuch und trägt es hinaus.

Wilhelm allein. Aus dem Nebenzimmer das Drehen der Wählscheibe.

Die Mutter und Wilhelm im Taxi auf der Fahrt zum Bahnhof. Die Stimmen des Taxifunks.

Die Mutter zum Taxifahrer: »Schalten Sie lieber Musik an.«

Der Taxifahrer: »Sonst gern, Frau Meister. Aber heute warte ich auf Nachricht von der Zentrale. Meine Frau liegt im Krankenhaus. Gestern Nacht haben die Wehen eingesetzt.«

Blick aus dem fahrenden Taxi. Die Stimme des Taxifahrers: »Unlängst ist hier im Taxi bei einer die Frucht-blase geplatzt. Deswegen bin ich mit meiner Frau im Autobus in die Klinik gefahren.«

Das Taxi hält vor einer geschlossenen Schranke.

Wilhelm schaut aus dem Rückfenster.

Die »HONGKONG-BAR« von Heide-Schleswig-Holstein. Eine Frau lehnt an einem offenen Fenster.

Wilhelm steigt aus und geht zur Bar zurück.

Wilhelm: »Janine, ich fahre weg, nach Süden.«

Janine: »Nimmst du mich mit?«

Wilhelm: »Nein. Ich möchte mich in jemanden ver-lieben.«
Janine: »Das ist schön. Aber denk dabei daran, du ver-dankst es mir, daß du dich unbesorgt verlieben kannst.«

Die Mutter im Auto, die zuhört und lächelt.

Am Fenster der Bar erscheint eine zweite Frau, die ei-nen Kirschkern auf Wilhelm hinunterspuckt.

Groß das ernste Gesicht Janines.

Ein Güterzug fährt vorbei.

Janine streckt plötzlich böse die Zunge heraus, zieht eine Grimasse und schließt das Fenster. Das Hupen des Taxis.

Wilhelm läuft zum Taxi, das sofort anfährt.

Die Mutter und Wilhelm am Bahnhof von Heide.

Die Mutter: »Ich kann dir keine Lehren mitgeben, weil ich selber nichts gelernt habe. Höchstens könnte ich sagen: Iß einmal am Tag warm, oder: Vergiß nicht, die Zähne zu putzen. Aber eines sollst du lernen: daß du dich zu nichts zwingen lassen darfst. Sonst wirst du dir selber fremd, und auch die anderen werden nur etwas Undefiniertes bleiben. Du mußt immer wissen, was du tust, und warum du es tust, und du mußt dich bei dir selber fühlen — auch wenn du gemein wirst dabei. Ich weiß, daß du gemein sein kannst, lieber Wilhelm. Ich meine nicht nur die Schmetterlinge an der Hausmauer, auf die du mit Einweckgummis geschossen hast, und die Katze, die du so lange geprügelt hast, bis sie dir leid genug tat, daß du sie mit gutem Gewissen totprügeln konntest . . . Und laß dich nicht einschüchtern, wenn jemand dir sagt, daß du ein unnützes Leben führst, und dich auf die ernsthafte Tätigkeit eines Schreiners oder eines Arztes hinweist: weißt du, alle Menschen mit begrenzten Tätigkeiten erinnern mich an vertrocknende Schnecken in zu kurz geschnittenem Gras. Sei tätig, aber setz dir keine Grenzen. Ich erinnere mich gerade, wie du als Kind auf einen Baum klettern wolltest und nicht mehr weiterkamst. Mit dickem Hintern bist du am Stamm gehangen, und ich habe dich schließlich hinaufgeschoben. Hier ist die Fahrkarte.«

Die Hand der Mutter mit dem Hausschlüssel: »Ach nein, das ist der Schlüssel, ich habe ihn in der ganzen Zeit in der Hand gehalten. Aber wo ist nur die Fahrkarte?«

Wilhelm: »In der anderen Hand, Mutter.«

Die Mutter reicht ihm die Karte: »Du kannst damit nach Gießen fahren, oder nach Bad Hersfeld, oder nach Soest in Westfalen.«

Wilhelm: »Soest in Westfalen, da rieche ich sofort frisches Brot und höre Glockenläuten zwischen Fachwerkhäusern. Dahin möchte ich fahren.«

Der Bahnhof von oben: der einfahrende Zug.

Die Mutter: »Ich hänge an dir, Wilhelm, und ich bitte dich, mich nicht zu vergessen.«

Wilhelm umarmt die Mutter, die den Kopf zur Seite auf seine Schulter legt.

Der Bahnhof von oben: Die Mutter entfernt sich, und Wilhelm steigt in den Zug.

Die Mutter, die vor dem Bahnhof an dem noch wartenden Taxi vorbeigeht, aus dem laut der Taxifunk schallt.

Der Taxifahrer: »Soll ich Sie wieder nach Hause bringen, Frau Meister?«

Die Mutter tritt ans Taxi: »Nein, danke, ich gehe zu Fuß. Ich muß jetzt zu Fuß gehen. Aber es ist so freundlich, daß Sie mich angeredet haben. Ich habe mir gerade gewünscht, daß man etwas zu mir sagt und daß ich stehenbleiben könnte.«

Aus dem anfahrenden Zug: Draußen geht die Mutter gerade am Hotel KOTTHAUS vorbei.

Wilhelm steht am Fenster, während man die Mutter schon weiter hinten vorbeigehen sieht, und kämmt sich im Spiegel.

Der fahrende Zug von oben.

Die Mutter in der Einkaufsstraße, neben dem Automatenpferd, das noch schaukelt, obwohl kein Kind mehr daraufsitzt.

Heide und der fahrende Zug aus der Luft. Eine Handschrift auf dem Bild: »Heute verließ ich meinen Geburtsort. Während ich gerade noch an den Häusern vorbeifuhr, erinnerte ich mich schon an sie. Auch was ich gerade erlebte, erlebte ich gleichzeitig schon in der Vergangenheit. Es war ein schöner Tag im tiefsten Frieden. Die Möwen, die über dem Meer noch geschrien hatten, flogen still über das Land. Ich konnte mir nichts Politisches vorstellen. Auf dem Sitz mir gegenüber

16

mußte jemand aus der Nase geblutet haben.«

Wilhelm im Abteil, sich immer noch kämmend.

Der Sitz gegenüber mit einem großen braunen Fleck.

In einer anderen Ecke des Abteils: ein etwa vierzehn-jähriges dunkelhaariges Mädchen, das Wilhelm an-starrt.

Die Landschaft mit den sanft auf und abschwingenden Drähten vor dem Fenster.

Groß das Mädchen, das Wilhelm anstarrt.

Die Landschaft von Schleswig-Holstein: ein Pony galoppiert eine Zeitlang neben dem Zug her.

Winkende Kinder.

Eine Straße, auf der Autos parallel neben dem Zug herfahren.

Aus dem stehenden Zug: Das Zementwerk von Itze-hoe.

Aus dem wieder fahrenden Zug: an einer Böschung im Gras monumentale Schriftzeichen mit einem Pfeil in die entgegengesetzte Richtung: HEIDE-HUSUM.

Aus dem langsam fahrenden Zug ein kläglicher Kin-

derspielplatz, wo ein einzelnes Kind an den Kniekeh-
len vom Gestänge hängt.

Das Mädchen im Zug, das auf Wilhelm schaut.

Der lesende Wilhelm.

Groß: die ersten Sätze aus »Aus dem Leben eines
Taugenichts«.

Das sich aus einem düsteren Hintergrund nähernde
Schild »HAMBURG HAUPTBAHNHOF«.

Die sich öffnende Abteiltür: ein älterer, ziemlich ab-
gerissener Mann, der sich ein Taschentuch unter die
Nase hält, tritt herein und nimmt einen Seesack und
eine Gitarre von der Gepäckablage.

Jetzt gerade vor dem Fenster: HAMBURG HAUPT-
BAHNHOF. Lautsprecherstimme: »...zu dem Schnellzug nach Dortmund über Altenbeken-Soest und Unna
auf Bahnsteig ...«

Der Hamburger Hauptbahnhof von der Empore mit
vielen wartenden und hin- und hergehenden Reisen-
den.

Ein leeres Abteil in einem Zug.

Ein Foto in dem Abteil: der Domplatz von Soest.

Das Abteil: Wilhelm schiebt die Tür auf, legt den Koffer ab, schaut aus dem Fenster.

Draußen: der alte Mann und das Mädchen steigen gerade in den Zug. Das Mädchen trägt den Seesack.

Groß das Mädchen: es sitzt an der gleichen Stelle wie im anderen Zug und starrt auf Wilhelm.

Fahrt nach links: groß der Alte. Er sitzt Wilhelm gegenüber und hat den Kopf in den Nacken gelegt. Wenn er das Taschentuch umfaltet, rinnt immer noch Blut aus der Nase. Er versucht Wilhelm anzulächeln.

Wilhelm wendet sich ab und schaut aus dem Fenster.

Auf dem Bahnsteig gegenüber steht ein anderer Zug: der Transeuropaexpreß Hamburg—Mailand.

An einem der schon beleuchteten Fenster des Zuges sitzt eine Frau.

Die Frau groß im beleuchteten Fenster. Sie bewegt langsam den Kopf und sieht Wilhelm an.

Wilhelms Gesicht.

Das Gesicht der Frau.

Die beiden Züge in der Totalen nebeneinander, vom Zugende aus.

Wilhelms Gesicht.

Der Waggon gegenüber, an dem sich automatisch die Türen schließen. Lautsprecherstimmen, die die Abfahrt der beiden Züge ankündigen, fast überschneidend: »Der verspätete Transeuropaexpreß nach ... der Schnellzug nach ...«

Ganz nah die Frau im anderen Zug, während Wilhelms Zug langsam anfährt und die Frau nach hinten aus dem Blickfeld verschwindet. Auf der Höhe der Lokomotive des anderen Zuges setzt sich auch dieser in Bewegung. Er fährt schneller, und nach einiger Zeit fahren die beiden Züge auf gleicher Höhe nebeneinander her, so daß die Frau wieder ins Blickfeld kommt. Sie schaut zu Wilhelm her, und so bleibt das Bild einige Zeit.

Die Schlußlichter beider Züge, die in der Dämmerung nebeneinander aus dem Bahnhof fahren.

Wieder der Blick von Wilhelms Abteil auf den Zug mit der Frau. Beide Züge fahren eine Zeitlang ganz nahe beieinander, mit gleicher Geschwindigkeit.

Jetzt fährt der Transeuropaexpreß etwas schneller, und die Frau gerät fast aus dem linken Bildrand.

Die Frau nah: sie schaut zurück.

Wilhelms Abteil, von der Frau aus gesehen.

Beide Züge noch einmal fast auf gleicher Höhe, einmal der eine weiter vorn, dann der andre. Jetzt fahren sie in einer weiten Schere auseinander.

Die in der Dämmerung auseinanderfahrenden Züge von oben.

Wilhelms Gesicht. Die Stimme des Alten: »Die Frau, bei deren Anblick Sie gerade so sehnsüchtig geworden sind, heißt Therese Farner und ist Schauspielerin.«

Das Gesicht des Alten: »Ich kenne sie vom Fernsehen. Sie spielte in den ›Drei Schwestern‹ von Tschechow die jüngste Schwester, und als sie sich einmal in ihrem Kummer verkriechen wollte und die anderen sie nicht allein lassen wollten, stellte sie eine spanische Wand um sich herum, um allein zu sein. Im Telefonbuch von Frankfurt oder Umgebung ist sie sicher zu finden. Ich glaube nicht, daß sie eine Geheimnummer hat.«

Wilhelm. Er antwortet nicht.

Der Alte: »Sie werden wissen wollen, warum ich aus der Nase blute.« Wilhelm schweigt. Der Alte: »Es ist die Erinnerung. Sie kennen die Geschichte vom heiligen Januarius, dessen vertrocknetes Blut in einer Kirche in Neapel aufbewahrt wird. Einmal im Jahr wird es flüssig und wallt auf, an seinem Todestag. So blute auch ich manchmal aus der Nase, an einem anderen Todestag. Ich werde Ihnen die Geschichte einmal erzählen, vielleicht morgen beim Frühstück.« Er schlägt die Hände vor das Gesicht und seine Schultern zucken.

Das Mädchen rückt an ihn heran und umarmt ihn.

Groß die vor das Gesicht geschlagenen Hände. Der Alte blinzelt zwischen den Fingern hervor.

Er nimmt die Hände vom Gesicht: »Wohin fahren Sie?«

Wilhelm: »Nach Soest.«

Der Alte: »Da waren wir noch nie.«

Der Schaffner steht in der Tür.

Wilhelm gibt ihm die Fahrkarte.

Der Schaffner zu Wilhelm: »Aber das ist nur eine Karte.«

Wilhelms Gesicht.

Der Schaffner: »Nein, Sie träumen nicht. Es sind zwei Karten zuwenig. Für Ihre Begleiter können Sie selbstverständlich im Zug nachlösen.«

Wilhelms Gesicht. Er schüttelt den Kopf und lacht plötzlich: »Aber für das Mädchen zahle ich hoffentlich nur die Hälfte.«

Der Schaffner, während er die Fahrscheine ausschreibt: »Heute ist mir was Seltsames passiert. Ich ging aus dem Haus und merkte auf der Straße, daß ich den Regenschirm vergessen hatte.«

Wilhelm: »Hat es denn geregnet?«

Der Schaffner: »Ach wo.« Er geht hinaus und grüßt militärisch.

Groß: der Alte grüßt militärisch zurück.

Der Schaffner geht.

Wilhelm: »Diesen Gruß kenne ich aus alten Wochenschauen.«

Der Schaffner kommt zurück: »Aber es hätte doch in Dortmund regnen können, nicht wahr? Übrigens habe ich vergessen, Ihnen diesen Zettel zu geben. Es handelt sich um einen Anruf aus dem Transeuropaexpreß nach Mailand.«

Der Schaffner schaltet, während er Wilhelm den Zettel reicht, über ihm die Leselampe an.

Der Zettel in Wilhelms Hand: »Schwalbach bei Frankfurt 72 70.«

Der Schaffner knipst die Leselampe wieder aus und geht.

Der Alte zu dem Mädchen: »Los, bedank dich bei dem Herrn für die Fahrkarte.«

Das Mädchen kippt die Armstützen hoch und geht auf den Händen vor Wilhelm auf und ab.

Ein Zug, der in der Gegenrichtung vorbeirast.

Wilhelm.

Das auf den Händen gehende Mädchen.

Die dunkle Landschaft vor dem Fenster.

Das Mädchen macht einen Überschlag und steht wieder auf den Beinen.

Der Alte mit der Gitarre in der Hand. Er singt und spielt: »Wer nie sein Brot mit Tränen aß . . .«

Wilhelm steht auf und schiebt das Fenster hinunter. Der flatternde Vorhang.

Der Mond über der nächtlichen Landschaft. Der Gesang des Alten.

Wilhelm schiebt das Fenster wieder hinaus und setzt sich.

Das Mädchen kommt zu ihm und legt den Kopf in seinen Schoß.

Wilhelm, der nach seiner Brieftasche tastet.

Der Alte bei der letzten Strophe des Lieds.
Abblende.

Das nächtliche Bahnhofsgebäude von Soest. Die drei
treten auf den Vorplatz hinaus.

Sie gehen mit den Koffern über den leeren Domplatz.

Ein Hotelempfangsraum. Wilhelm füllt einen Meldezettel aus, während der Alte und das Mädchen hinten
warten. Die Frau im Empfang stempelt Rechnungen.

Der zum Teil ausgefüllte Meldezettel.

Wilhelm zum Alten: »Was geben Sie als Ihren Beruf
an?«

Der Alte: »Ich bin Sänger, und sie ist Artistin.«

Der Meldezettel. Wilhelm schreibt hinter BERUF
groß: SCHRIFTSTELLER.

Die Frau im Empfang, die zwei Schlüssel über den
Laden schiebt. Wilhelm: »Ist diese Botschaft im
Schlüsselfach dort für mich?« Die Frau: »Nein. Sie
war für einen Gast, der schon abgereist ist. Ich habe
sie nur noch nicht weggeworfen.«

Wilhelm: »Geben Sie sie mir?«

Die Frau: »Warum nicht.« Sie gibt ihm den Zettel.

Wilhelm liest laut: »Es ist nichts Besonderes. Ich wollte nur einmal anrufen, weil ich heute Abend so traurig war.« Wilhelm dreht sich um zum Alten.

Der Alte schmunzelt. Das Mädchen zieht sich mit den Fingern den Mund auseinander.

Wilhelm, sowie der Alte und das Mädchen betreten im Hotelflur zwei Zimmer.

Wilhelm in seinem Zimmer, noch angezogen, am Telefon: »72 70 Schwalbach bei Frankfurt, bitte.« Er legt auf und geht zum Fenster.

Der leere Domplatz von Soest, ein großer Hund steht bewegungslos. Ein Flugzeuggeräusch. Ein Pfiff, und der Hund läuft vom Platz.

Wilhelm, der sich wieder aufs Bett setzt. Das läutende Telefon. Er läßt es einige Male läuten, bevor er abnimmt.

Wilhelm mit dem Telefonhörer. »Nein, ich bin nicht erstaunt. — Ich habe plötzlich Unbehagen gekriegt, als ich den Hörer abheben sollte. — (Lange Pause, während der er nur zuhört.) Ich möchte Ihnen morgen viel sagen. — Ich zittere nicht. — Was für eine Schuhgröße haben Sie? — Im Zug gab es einen Schaffner, der verschiedenfarbige Socken anhatte. — Seit ich dich

gesehen habe, bin ich ziemlich ungeduldig. — (Er hört
noch einige Zeit zu.) Ja, es ist schon spät. Gute
Nacht.« Er legt auf.

Die Tür.

Wilhelm, der ins Notizbuch schreibt:
»Seit heute Mittag war ich nicht mehr auf der Toilette
Und seit zwei Nächten träume ich nicht mehr
Und seit vier Tagen habe ich mir die Haare nicht
mehr gewaschen
Und seit einer Woche habe ich mir nicht mehr die
Nägel geschnitten
Und seit einem Monat ziehe ich täglich dieselben
Schuhe an
Und seit Jahren habe ich nicht mehr ans Sterben ge-
dacht

Seit jeher habe ich das Gefühl, daß alles ohne mich
genauso sein könnte
Doch seit ich dich sah
wußte ich endlich wie mir geschah.«
Er zeichnet noch eine Note darunter. Abblende.

Aufblende über dem morgendlichen Soest. Die Dom-
glocken läuten.

Wilhelm, der Alte und das Mädchen beim Frühstück.

Der Alte liest aus der ersten Seite der Zeitung vor.

Wilhelm: »Es sträubt sich in mir, wenn ich da zuhöre.

27

Es kommt mir dann vor, als sei die Politik das Hindernis zum ungezwungenen, unbefangenen Leben, und ich denke, daß erst, wenn die Politik abgeschafft sein wird, das heißt, unnötig sein wird, das menschenwürdige Leben anfängt.«

Der Alte: »Du sprichst vom Paradies, Wilhelm, und dabei, wie mir scheint, eher von einem animalischen als von einem menschlichen. Ich werde dir bald meine Geschichte erzählen, vielleicht schon heute Abend. Ich habe übrigens, das nur als Andeutung, an den olympischen Spielen 1936 in Berlin teilgenommen, als Hundertmeterläufer.«
Wilhelm: »Und da haben Sie Jesse Owens den Handschlag verweigert wie Ihr Führer?«
Der Alte: »Ich bin nur bis ins Halbfinale gekommen. Aber ich hätte einem Schwarzen damals wohl auch nicht die Hand gegeben.«

Wilhelm: »Und jetzt? Sie brauchen mir andrerseits nicht zu antworten, ich will nichts von früher wissen. Ich habe kein Gefühl für die Vergangenheit.«

Der Alte: »Gehen wir spazieren.«

Sie stehen auf. Das Mädchen steckt sich noch schnell ein Brötchen und einige Marmeladeschälchen ein. Wilhelm: »Ich hatte eigentlich vor, heute richtig mit dem Schreiben anzufangen. Aber in der Nacht träumte ich so viel, daß es jetzt unmöglich ist, von etwas anderem zu schreiben als von dem vielen Geträumten.

Und nur Träume aufzuschreiben, das kommt mir vor, wie sich Schlagzeilen zu sich selber auszudenken, zu denen dann die Geschichte fehlt. Ich will etwas schreiben können, das ganz und gar notwendig ist, notwendig wie ein Haus oder ein Glas Wein am Abend, nein, natürlich notwendiger. Ich habe gestern abend noch ein kleines Gedicht geschrieben. Ich möchte es Ihnen auf der Straße zeigen. Vielleicht können Sie ein Lied daraus machen.«

Vor dem Hotel, der Alte mit der Gitarre über der Schulter. Wilhelm: »Ich dachte, es würde nach Pumpernickel riechen hier. Dabei riecht es nach Benzin.«

Blick auf den Domplatz. Ein Auto fährt heran. Darin Therese. Sie steigt ein, ohne die Wagentür zuzumachen.

Totale vom anderen Ende des Platzes. Wilhelm geht auf sie zu.

Nahe: sie sind dabei, einander zu umarmen. Eine Stimme: »So gehen Sie doch bitte aus dem Bild!«

Ein Tourist, der aufgeregt seine Frau fotografieren will, die dahinter steht.

Die beiden treten zur Seite.

Der Tourist fotografiert zeremoniell und geht mit seiner Frau weiter.

Therese und Wilhelm geben einander die Hand.

Das Mädchen, das die Autotür zuschlägt.

Der Alte, der besänftigend ein paar Akkorde auf der Gitarre spielt.

Therese: »Ich bin schon lange nicht mehr so früh aufgestanden. Im Auto fiel mir auf, daß es in Deutschland noch eine Landschaft gibt. Ich wollte immerfort anhalten und bin doch immer schneller gefahren. Ich hatte Lust, mit euch spazierenzugehen, aus der Stadt hinaus.«

Wilhelm: »Wir waren gerade dabei.«

Sie gehen alle über den Platz, das Mädchen in einigem Abstand hintennach.

In den engen Straßen. Sie gehen hintereinander. Großer Autolärm zwischen den Fachwerkhäusern. Wilhelm dreht sich nach Therese um. Sie bedeutet ihm, daß sie nichts versteht.

Vor einem kleinen Fachwerkhaus, das als SCHASCH-LIK- und POMMES-FRITES-Bude eingerichtet ist, mit entsprechenden Aufschriften und Schildern. Viele Räder von Schülern und Lehrlingen lehnen daneben. Leute davor beim Wurstessen usw.

Der Alte improvisiert auf der Gitarre leise Wilhelms Gedicht.

Einige, die mehr oder weniger zuhören. Das Geknatter wegfahrender Mopeds. Ein Hubschrauber.

Der Alte spielt nur noch, ohne zu singen. Das Mädchen schlägt dazu ein Rad und geht auf den Händen, macht einen Salto.

Wilhelm zu Therese: »Es ist nichts Besonderes. Ich wollte nur mit dir reden. Aber auf einmal bin ich zu traurig dazu geworden.«
Therese: »Möchtest du mit mir allein sein?«
Wilhelm: »Jetzt nicht. Es ist gut, daß wir in Gesellschaft sind. Sonst wäre es noch schlimmer. So kommt es mir wenigstens vor, als ob ich ein Geheimnis hätte.«
Sie gehen allein weiter.

Der Alte und das Mädchen kommen ihnen nachgelaufen. Der Alte zeigt Münzen: »Schaut, ein Mittagessen haben wir uns verdient.«
Wilhelm: »Ja, eine Dose Thunfische aus Japan.«
Therese lacht.

Alle beim Weitergehen, in einer anderen Gasse.

Therese: »Du lachst nie.«

Wilhelm: »Manchmal schon — wenn ich für mich allein bin und mir etwas vorstelle. Es muß gar nichts Komisches sein, nur einfach eine Vorstellung. Dann entsteht so eine Art Lachen innen im Mund, an der Innenseite der Wangen, weißt du. Das ist ganz angenehm.«

Therese, die beim Vorbeigehen in eine Schreinerei oder einen ähnlichen Handwerksbetrieb hineingeschaut hatte, wo gearbeitet wurde: »Du scheinst auch gar keine Augen für die Umgebung zu haben, schaust immer nur vor dich hin. Weißt du zum Beispiel, daß wir gerade an einer Schreinerei vorbeigegangen sind, und wenn, kannst du beschreiben, was du darin gesehen hast?«
Wilhelm: »Ich weiß es schon, aber ich wollte nicht hinschauen, weil ich heute noch etwas schreiben möchte.«

Therese, groß: »Das verstehe ich nicht.«

Wilhelm: »Ich möchte nichts Bestimmtes sehen, bevor ich etwas schreiben will. Ich möchte mich nur erinnern. Alles, was ich nur zufällig sehe, stört mich beim Erinnern, und zum Schreiben muß ich mich ungestört und genau erinnern können, sonst schreibe ich nur was Zufälliges.«
Therese: »Ich möchte, daß wir endlich aus der Stadt heraus wären.«

Ein Mann, der ihnen auf der anderen Straßenseite entgegenkommt. Er ruft ihnen im Vorbeigehen zu: »Wißt ihr überhaupt, was Schmerzen sind? Kennt ihr Schweine das Sausen eines Segelflugzeugs im Gehirn?« Er geht weiter.

Sie gehen durch verschiedene Straßen, biegen ein, gehen geradeaus, biegen wieder ein, gehen geradeaus. Die Straßen und Häuser sehen immer ziemlich ähnlich aus. Reihenhäuser, Tankstellen, Lagerschuppen, Kreu-

zungen mit Hinweisen auf andere Orte: WERL, PA-
DERBORN . . . Irgendwo bleiben sie stehen.

Eine Frau mit dem WACHTTURM steht schweigend
in der Stadtrandeinsamkeit, eine Handtasche über dem
Arm.

Therese: »Gehen wir zurück.«
Wilhelm legt die Hände an den Mund und ruft in die
Ferne.
Therese: »Warum machst du das?«
Wilhelm: »Ich wollte hören, ob es hier ein Echo gibt.«

Sie drehen sich um und gehen in Richtung auf den
Dom. Das Mädchen hängt sich bei Wilhelm ein. Ein
niedrig fliegender Nato-Bomber über der Szene.

An einem Tisch in einer Gaststätte. Wilhelm stellt gerade den Wimpel einer Skatrunde auf einen anderen
Tisch. Pokale in einer Glasvitrine.

Die Teller mit den zerknüllten Papierservietten darauf.

Wilhelm: »Jetzt sagt doch was. Immer wenn beim
Reden solche Pausen entstehen, fühle ich mich sofort
verantwortlich.«

Blick auf die undurchsichtigen Butzenscheibenfenster.
Wilhelm: »Wenn man wenigstens da hinausschauen
könnte.«

Der Alte, der zum Fenster geht und es aufmacht. Der Platz vor dem Fenster. Der Wirt kommt dazu und schließt.

Wilhelm nimmt die Pokale aus der Vitrine und geht damit zur Theke.

Der sich nähernde Wirt.

Wilhelm bläst ihm den Staub aus den Pokalen ins Gesicht: »Die hätten schon längst einmal gewaschen werden müssen.« Er taucht die Pokale ins Waschbecken.

Groß die Pokale unter den Tassen und Gläsern im Waschwasser.

Das Gesicht des Wirts.

Er zeigt sprachlos auf Wilhelm, schaut dabei wie nach anderen Gästen.

Das Mädchen, das dazukommt und ihm eine Brezel von der Theke an den Finger hängt.

Der Zeigefinger mit der Brezel.

Die vier, die langsam zur Tür hinausgehen.

Auf der Straße. Sie gehen nebeneinander, während hinter ihnen die Autos hupen.

Eine schöne Frau kommt ihnen entgegen. Wilhelm geht auf sie zu: »Wie schön Sie sind!«

Die Frau: »Ich habe schon einen Freund.« Sie geht weiter.

Wilhelm an einem Bankschalter. Eine Frau drängt sich vor. Wilhelm hebt den Arm, um sie zu schlagen. Der Alte fängt mit der Handfläche die Faust ab.

Die vier, wie sie zur Bank hinausgehen. Wilhelm schaut dabei einem Mädchen über die Schulter, die an einem Tisch einen Brief liest.

Der Brief und das lesende Mädchen groß: »Mein Liebes! . . .«

Wilhelm: »Ein Liebesbrief in einer Bank. Das versöhnt mich.«

Die vier, wie sie in einer Gasse stehen.

Die menschenleere Gasse im Nachmittagslicht, ein Fachwerkhaus am Ende. Unsichtbar weint jämmerlich ein Kind.

Sie schauen und horchen lange. Das Mädchen neigt den Kopf an Wilhelms Arm.

Auf einem schmalen Fußweg neben der Stadtmauer. Über der Mauer die Spitze des Domturms. Sie stehen an einem Bach.

Ein Japaner hinter ihnen an einer Staffelei, der die Mauer und den Domturm zeichnet.

Leute, die auf dem Fußweg gehen.

Wilhelm: »Alle, die hier vorbeigehen, kommen mir geistesgestört vor. Wie sie die Lippen halten: als ob sie gleich losschimpfen wollten. Wie sie schauen: als ob sie darauf gefaßt sind, bei dem ersten, der sie anschaut, sofort wegzuschauen. Wie sie die Stirn runzeln: als ob sie beschäftigt sind. Wie sie den Kopf halten: als ob sie ihn gleich schütteln wollten. Tatsachenmenschen, vor lauter Tatsachen mondsüchtig geworden.«

Vorbeigehende Leute: Einer schlägt sich im Vorbeigehen die Faust an den Kopf. Der nächste kichert versonnen und macht zwischendrin einen Hüpfschritt. Eine still vor sich hin weinende Frau. Einer, der mit dem Finger in die Luft schreibt. Einer, der im Vorbeigehen heftig gestikuliert und etwas erklären will. Eine Frau mit einem sanften Augenaufschlag, den sie gerade lächelnd probt. Einer, der im Gehen plötzlich stehenbleibt, gedankenverloren die Hacken zusammenschlägt und weitergeht.

Wilhelm, der auf allen Vieren hinter ihm herläuft und ihn in die Waden beißt.

Der Mann macht sein Bein frei und geht davon, ohne sich umzusehen.

Therese zu Wilhelm, der aufgerichtet zurückkommt: »Wir sollten alle zusammen eine Theatergruppe bilden und durch Deutschland fahren. Wilhelm, dir ist so vieles fremd. Das gefällt mir an dir. Ich glaube, sonst kann man auch nichts schreiben. Was mir nicht gefällt: daß der Befremdete meistens nur du selber bist, und die anderen sind die idiotischen Selbstgewissen. Trau deinen Zustand allen zu, und du wirst Theaterstücke schreiben können, nicht nur Gedichte, in denen du, dadurch daß es eben Gedichte sind, gegen deinen Willen deine Vereinzelung anpreist. Schreib etwas, das auch ich sprechen kann oder das wir alle hier spielen könnten, ohne daß wir dabei immer wie er fühlen müssen, daß die Person in dem Text oder Spiel nicht wir selber sind. Ich habe genug von einer solchen Arbeit, seit gestern abend im Zug . . . Jetzt war ich wieder zu voreilig. Ich wollte erst einmal nichts sagen, nur hier sein. Auf der Fahrt möchte ich mehr darüber reden. Und wir wollen doch wegfahren, nicht wahr?«

Ein Mann, der schon einige Zeit dabeigestanden hatte, tritt dazu und fragt Wilhelm: »Verzeihen Sie. Sind Sie der Verfasser des Gedichts, das er (er weist auf den Alten) heute Vormittag vor der Schaschlikbude vorgetragen hat?«

Wilhelm: »Ja, der bin ich.«

Der Mann: »Ich schreibe auch Gedichte, und ich bin Ihnen nachgegangen, um Sie zu fragen, was Sie davon halten. Darf ich Ihnen eines aufsagen?«

Wilhelm: »Bitte.«

Der Mann (sehr langsam und ernst):
»Ich lag noch im Halbschlaf, da hörte ich die Glocken
schon läuten
Eine schlug so laut, als schlüge sie mich
Da fing ich an, mich vor Elend zu häuten
Das Gefühl, nicht einmal ein Umriß im Weltall zu sein
war so fürchterlich

Als Qualle, so traumhaft gestaltlos, spürte ich mich
durch die Sphären glitschen
Ein Kind trat auf mich und meinte schneckenbehange-
ne, galertig verfaulende Pilze
Ich sehnte mich danach, mich selber mit dem Schlauch
in den Rinnstein zu spritzen
und fühlte mich im Metzgerladen wohl als durchschei-
nende zitternde Sülze

Durch eine Falltür fiel ich hinab in einen letzten Traum
und hing dort als längliches, gutabgehangenes Stück
Fleisch von einem Haken
und ein Gehenkter mit dem Schild ICH BIN EIN
VOLKSVERRÄTER zappelte als Ich von einem
Zwetschkenbaum
und aus dem angstvoll steifen Glied trat Samen aus und
tropfte auf das weiße Laken.

Seitdem lebe ich unter der Glocke aus Glas und lasse
mein verwesendes Bewußtsein das Glas bedunsten
Ganz mild und von weitem dringt noch manchmal ein
Schein von der Welt herein
der mir das Gefühl gibt, als läge ich unter einem Hau-

fen von Leichen als gerade noch Lebender wehrlos am
untsten
Warum muß zwischen mir und der Welt so ein maß-
loser Unterschied sein?

Daß ich das schrieb, war ein Versuch, den Dunst ab-
zuwischen
Aber ich merkte dabei, der Dunst war genauso außen
am Glas
Auf meinen Hilferuf blickte die zum Verrücktwerden
unverrückbare Welt mit den teilnahmslosen Augen
von Fischen

Du hilfst mir vielleicht, der das eben las
daß statt dem Herzen das Glas zerbrach.«

Der Mann schaut selbstbewußt um sich. Der Japaner
lächelt im Hintergrund. Eine Frau geht vorbei und
klopft dem Mann auf den Hintern. Abblende.

In der hügeligen Umgebung von Soest.

Weit weg in der Landschaft Thereses Auto.

Das Auto innen, mit fünf Passagieren, auch der Mann
darunter, der das Gedicht vortrug.

Der Mann: »Ich muß mich noch vorstellen. Ich heiße
Bernhard Landau und bin Schweizer. Ich habe in
meinem Leben noch nicht viel getan und hoffe, daß es
so bleibt. Ich verunglücke in jedem Jahr einmal. In
diesem Jahr bin ich mit dem Gesicht auf eine Stuhl-

kante gefallen und habe mir den Mundwinkel einge-
rissen. Im letzten Jahr bin ich gemeinsam mit einem
Freund im betrunkenen Zustand die Treppe hinunter-
gestürzt und habe mir das Bein gebrochen. Im vorletz-
ten Jahr hat mir ein Taxifahrer den Arm ausgekugelt,
weil ich aussteigen wollte, als er erzählte, mit welcher
Technik er den renitenten Leuten immer den Arm
auszukugeln pflegte. Und in den Jahren davor gab es
noch die Demonstrationen ... Mein Onkel ist der Be-
sitzer einer Brotfabrik und hat in der Umgebung von
Soest sein Landhaus. Wir können heute alle bei ihm
übernachten. Er hat eine Schwäche für mich. Er wollte
in der Jugend Komponist werden und leidet ab und zu
darunter, daß er Industrieller ist. Aber ich glaube, daß
gerade solche Leute die rechten Industriellen sind. Er
träumt davon, sich in ein altes Bienenhaus auf seinem
Anwesen ein Klavier zu stellen und dort im Alter zu
komponieren. Wirklich träumen tut er freilich nicht
mehr.«

Das Auto von hinten, wie es einen Hügel hinauffährt.

Die Fahrt, vorne hinaus gesehen, auf das Anwesen des
Industriellen zu.

Das Anwesen in der beginnenden Dämmerung.

Bernhard, der am Zaun auf den Klingelknopf drückt.

Das Licht über der Haustür geht an, und der Hausherr
tritt heraus, ein Gewehr in der Hand.

Bernhard: »Tu das Gewehr weg, Onkel. Wir schießen zurück.«

Die Gestalt des Hausherrn, reglos.

Bernhard: »Ich bin's, Bernhard aus der Schweiz. Ich komme mit einigen Freunden. Wir wollen bei dir übernachten.«

Der Hausherr kommt über den Kies langsam näher.

Bernhard leise zu den anderen: »Ich glaube, das ist gar nicht mein Onkel. Und es ist auch nicht das richtige Haus. Wir sind überhaupt im falschen Ort, fürchte ich.«

Der Hausherr, der inzwischen vor ihnen steht: »Ich kenne euch zwar nicht. Aber ich freue mich, daß ihr gekommen seid. Im oberen Geschoß des Hauses ist Platz für euch alle. Ihr könnt bleiben, solange ihr wollt. Ich hielt mir gerade das Gewehr in den Mund, und als ich das Auto hörte, wartete ich und hoffte, daß es stehenbleiben würde.«

Der Blick hinunter auf die dämmernde Ebene um Soest. Die Stimme des Hausherrn: »Ich lebe allein hier. Meine Frau hat sich vor drei Wochen erhängt. Sie wünschte sich oft eine Maschine, mit der alle Sehnen ihres Körpers gestreckt werden könnten. Ich konnte ihr nicht helfen. Am Schluß betete ich sogar. Aber nun bin ich lang genug allein gewesen.«

41

Der Hausherr, der eine Ladung Zeitungen aus dem Zeitungsfach am Zaun nimmt: »Schaut, ich kriege schon Lust, wieder Zeitungen zu lesen. Kommt doch ins Haus.«

Alle, wie sie über den Kiesweg ins Haus gehen.

Im großen Wohnraum. Unter einer Lampe an einem langen Tisch, bei einer Flasche Wein. Auch das Mädchen trinkt Wein.

Der Hausherr, nachdem er lange jeden angeschaut hat: »Ich möchte von der Einsamkeit sprechen. Ich glaube meistens, es gibt sie gar nicht. Sie ist vielmehr ein künstliches, von außen erzeugtes Gefühl. Einmal saß ich hier im Zimmer, im tiefen, tiefen Stumpfsinn. Weiter weg lagen im Aschenbecher die Zigarettenkippen vom letzten Abend. Dort habe ich also gestern abend gesessen, im gleichen Stumpfsinn wie heute, dachte ich. Gestern saß ich dort und heute hier. Diese Vorstellung von mir rührte mich so, daß ich mich auf einmal gestreichelt fühlte. Und das war also die Einsamkeit. Stolz vor Einsamkeit war ich, beschwingt einsam, einsamkeitsüberströmt. Ähnlich künstlich wurde die Einsamkeit hergestellt, als ich ein andermal in der Nacht auf der Terrasse draußen saß. Ich trank eine Flasche Wein, und die Zeit verging ohne Anstrengung. Da gingen am Zaun Leute vorbei und schauten zu mir herein. Wie allein muß ich denen wohl vorkommen, dachte ich, und sofort war ich wieder eingewiegt in die außengelenkte, künstliche Einsamkeit. Sie ist ein bloß theatralischer Zustand und entsteht in dem Augenblick, da man sich als Schauspieler seiner selbst fühlt, mehr Schmeichel als Schmerz, ein Fächer für meinen Stumpfsinn. Der tiefe ungekünstelte Stumpfsinn dagegen erscheint mir als ein Attribut der Wahrheit. Und dennoch sind es diese heuchlerischen Momente der Einsamkeit, in denen ich mich neugeboren fühle. Das ist das Paradox der Einsamkeit: das mich überströmende Gefühl der Geborgenheit, das ich dabei empfinde.« (Während er sprach, sah man nacheinander die Gesichter seiner Zuhörer, aufmerksam, aber müde. Nur das Mädchen blickte, ohne zu blinzeln, auf Wilhelm, welcher sich etwas notierte.)

Sie trinken schweigend.

Wilhelm zum Alten: »Sie wollten uns doch heute abend noch Ihr Geheimnis verraten.«

Der Alte: »Heute bin ich zu müde. Verschieben wir es auf den Spaziergang morgen. Komm, Mignon.« Er legt dem Mädchen die Hand auf die Schulter. Mignon schüttelt die Hand ab und steht auf.

Wilhelm: »Sie heißt Mignon. Das wußte ich gar nicht.«

Der Alte: »Du hast sie auch gar nicht gefragt. Die ganze Zeit hat sie gewartet, daß du sie fragen würdest.« Sie gehen weg.

Beide, wie sie die Treppe hinaufgehen. Dabei schaut

Mignon noch einmal über die Schulter zurück.

Therese, die aufsteht und Wilhelm etwas ins Ohr sagt. Wilhelm lächelt. Dann ernst: »Ja, du weißt es doch. Ich bleibe nur noch ein bißchen unten. Ich bin unzufrieden, weil ich heute nichts geschrieben habe.«

Bernhard, der eingeschlafen ist und mit offenem Mund leise schnarcht.

Wilhelm: »Der hat schon gedichtet.«

Therese: »Aber ich will heute nicht unzufrieden sein. Such mich dann.«

Bernhard, der unvermittelt ebenfalls aufsteht und sofort, fast mit geschlossenen Augen, redet: »Und ich bin froh, daß ich euch gefunden habe. Gute Nacht.«

Therese und Bernhard im Weggehen.

Das Haus von außen: im obersten Stockwerk gehen nacheinander die Lichter an.

Ein Bild unten im Wohnzimmer an der Wand: ein Frauenkörper, an die Wipfel zweier niedergebundener Bäume gebunden. Die Stimme des Hausherrn: »Ein Selbstporträt meiner Frau.«

Der Hausherr: »Ich möchte nur kurz noch von der Einsamkeit hier in Deutschland sprechen. Sie scheint mir

verborgener und zugleich schmerzhafter zu sein als
anderswo. Verantwortlich dafür könnte die Geschichte
der Ideen hier sein, die alle nach Lebenshaltungen
suchten, in denen die Überwindung der Angst möglich
wäre. Die Verkündung von Tugenden wie Mut, Aus-
dauer und Fleiß sollten nur von der Angst ablenken.
Jedenfalls sagen wir einmal, es sei so. Die Philosophien
waren wie sonst nirgends verwendbar als Staatsphilo-
sophien, so daß die notwendig verbrecherischen Me-
thoden, mit denen die Angst überwunden werden sollte, auch noch legalisiert wurden. Die Angst gilt hier als
Eitelkeit oder Schande. Deswegen ist die Einsamkeit
in Deutschland maskiert mit all diesen verräterisch
entseelten Gesichtern, die durch die Supermärkte, Nah-
erholungsgebiete, Fußgängerzonen und Fitnesszentren
geistern. Die toten Seelen von Deutschland . . . Ein
Junge hat doch keine Angst, sagten meine Eltern zu
mir. Ich weigere mich, meine Angst zu überwinden.
Und jetzt wünsche ich Ihnen, daß Sie sich hier wohl
fühlen. Es hat mich gerührt, Sie anzusehen, wie Sie
mir zugehört haben.«

Der Hausherr, der den Raum verläßt.

Der schreibende Wilhelm. Das Ticken einer Uhr. Überblendung. Der schreibende Wilhelm.

Das Haus von außen: Oben geht in einem Zimmer das
Licht aus.

Wilhelm, der sich zurücklehnt und mit sich selber

redet: »Das gibt's vielleicht auch: daß man schreiben will, ohne zu wissen, was. Einfach nur schreiben wollen, so wie man gehen will. Ja: nicht S c h r e i b e n ist das Bedürfnis, sondern schreiben w o l l e n. Aus dem Haus gehen, essen, trinken — aber nicht schreiben, sondern schreiben w o l l e n ... Ebenso ist vielleicht Lieben gar kein Bedürfnis, sondern lieben w o l l e n ... Schreiben wollen, lieben wollen: ich gehe jetzt hinauf.« Abblende.

Der Flur im obersten Stockwerk: Wilhelm, der leise die Treppe heraufkommt.

Der Flur mit vier Türen hintereinander.

Wilhelm steht unschlüssig, öffnet die erste Tür einen Spalt.

Durch den Spalt: der Alte, der neben dem Bett auf dem bloßen Boden liegt, mit nacktem Oberkörper, eine Art Geißel in der Hand, mit weitaufgerissenem Mund schlafend und schnarchend.

Wilhelm schließt die Tür und geht zur nächsten, horcht, macht die Tür auf.

Durch den Spalt: Bernhard liegt angekleidet mit aufgestützten Ellenbogen quer über dem Bett und starrt Wilhelm abwesend an. Das Schließen der Tür.

Wilhelm, der zur nächsten Tür geht und sie weit aufmacht.

Dieser Raum ist dunkel, das Bett nur zu ahnen.

Wilhelm, flüsternd: »Bist du da?«

Der dunkle Raum, ein tiefes Ausatmen.

Wilhelm, der eintritt und die Tür zumacht.

Er zieht sich aus und geht zum Bett.

Eine Ahnung von Armen, die ihn herunterziehen, von Beinen, die sich sofort um ihn schlingen.

Der unbewegte Vorhang vor dem Fenster.

Das finstere Zimmer, die Nachttischlampe wird jetzt angeschaltet.

Nah: das Gesicht Mignons. Sie lächelt, als ob sie schon seit langem so lächelt.

Wilhelm hebt ihren Kopf aus dem Kissen und ohrfeigt sie. Sie lächelt weiter.

Wilhelm streichelt sie. Sie wird ernst.

Wilhelm, der aus ihrem Zimmer kommt und vor der letzten Tür stehenbleibt. Er lehnt die Stirn an die Tür. Dann geht er in Mignons Zimmer zurück.

Der leere Flur.

Mignon kommt heraus und geht in das Zimmer des Alten.

Der leere Flur, die Kamera an einer andern Stelle. Abblende.

Am Morgen auf der Terrasse, alle mit dem Hausherrn beim Frühstück.

Therese erzählt einen Traum: »Ich träumte, daß ich Schlittschuh lief, auf dem zugefrorenen Meer. Es war die Nordsee. Ich war schon ganz weit draußen, konnte aber nicht mehr umkehren, lief geradeaus weiter. Ich hatte große Angst.«

Wilhelm, der wegschaut.

Therese: »Das Fürchterlichste war das Knirschen, das die Schlittschuhkufen hinter mir im Eis machten. Das ist nicht m e i n Traum, dachte ich immerzu.«

Der wegschauende Wilhelm. Er schaut auf und blickt den Alten an: »Ich träumte, daß Sie sterben sollten. Vorsorglich sollten Sie sich schon einige Stunden vor Ihrem zu erwartenden Tod in ein Mausoleum unter der Hauptstraße begeben. Das Mausoleum war eine leere Halle, und Sie wurden darin auf einen steinernen Sessel gesetzt und in einen Purpurmantel gehüllt, der bis zum Boden reichte. Bis zum Eintritt des Todes sollte Ihnen ein Kind Gesellschaft leisten. Das Kind stellte sich neben Sie, und das Mausoleum wurde mit

48

einem großen Stein verschlossen. Ich träumte die ganze Zeit von der absoluten Finsternis, in der das Kind bis zu Ihrem Tod neben Ihnen stehen mußte. Es war mein Kind.«

Der Hausherr: »Ich träumte, in meinem Zimmer auf dem Bett zu liegen und die ganze Zeit die Wand mit der Tür zu sehen. Ich wachte immer wieder auf und sah auch in Wirklichkeit die Wand mit der Tür vor mir. Kaum schlief ich dann ein, träumte ich sie schon, fast genauso, wie ich sie gerade noch wirklich gesehen hatte, nur etwas näher bei mir. Ich mußte mich erbrechen.«

Bernhard: »Es tut mir leid. Jetzt am hellen Tag fällt mir mein Traum nicht mehr ein — obwohl es mir gerade, als ich die Zuckerdose nahm, einen Ruck gegeben hat. Fast hätte ich mich erinnert . . . Es kommt mir wichtig vor.«

Wilhelm zu Mignon: »Und du, Mignon?«
Mignon winkt ab, nicht nach vorn, sondern lässig zur Seite, wie Cary Grant in »Die blonde Venus«.

Der Hausherr lacht, sehr lange.

Der Alte: »Sie findet Träume lächerlich.« Er singt zur Gitarre:
1 »Ein Herr schreit an mich fürchterlich:
Wart, Rosenthal, jetzt hab ich dich
Dann packt er wütend mich am Kragen

Und hat vier Zähn mir eingeschlagen
Dann spuckt ins G'sicht mir noch der Mann
Ich denk: Was geht denn mich das an
Ich heiß doch gar nicht Rosenthal
Mir ist schon alles ganz egal.

2 In Karlsbad steht ein kleines Haus
Da sitzt ein Mann und kommt nicht raus
Und wie der Mann dann endlich geht
Da war es leider schon zu spät
Da sagt' ich ihm: Mein lieber Herr
Mich int'ressiert das jetzt nicht mehr
Jetzt können Sie reingehn noch einmal
Mir ist schon alles ganz egal.

3 Wenn ich werd einst gestorben sein
Steig ich vergnügt in Sarg hinein
Und weil ich so viel Freunde hab
Dann leg ich mich verkehrt ins Grab
Da lieg ich dann am Bauch ganz still
Und kann mir denken, was ich will
Vielleicht besucht mich wer einmal
Mir ist schon alles ganz egal.«

Das Gesicht des Hausherrn.

Wilhelm, Therese, Bernhard, Mignon und der Alte auf
einem Spaziergang in der hügeligen Umgebung: Vorn
Therese und Wilhelm, dann Bernhard allein, dann
Mignon und der Alte.

Therese und Wilhelm groß, schweigend nebeneinander. Wilhelm bleibt stehen. Therese geht allein weiter.

Bernhard mit einem Schirm in der Hand, der an Wilhelm vorbeigeht und sich Therese anschließt.

Wilhelm, der auf Mignon und den Alten wartet und mit den beiden weitergeht.

Wilhelm und der Alte. Wilhelm: »Glauben Sie, daß man schreiben kann, wenn alles Politische einem fremd geworden ist?«
Der Alte: »Ja. Wenn man beschreiben könnte, wie es zu dieser Fremdheit gekommen ist. Sie darf nur nicht als das Natürliche erscheinen.«
Wilhelm: »Da müßte ich ja die ganze Geschichte des Abendlandes erzählen.«
Der Alte: »Freilich.«
Wilhelm: »Eigentlich ist mir das Politische erst mit dem Schreiben unfaßbar geworden. Ich wollte politisch schreiben und merkte dabei, daß mir die Worte dafür fehlten. Das heißt, es gab schon Worte, aber die hatten wieder nichts mit mir zu tun. Ich hatte überhaupt kein Gefühl dabei. Das ist doch nicht von mir, dachte ich. Ich schrieb, wie vielleicht fortschrittliche Politiker reden, nur hilfloser, weil ich nicht handelte, und pointierter, aber aus Hilflosigkeit.«

Einheimische, die an ihnen vorbeigehen und sie stumm anschauen.

Der Alte: »Das wäre doch ein Grund gewesen, politisch aktiv zu werden und mit dem Schreiben aufzuhören?«

Wilhelm: »Aber ich hatte doch gerade m i t dem Schreiben gemerkt, daß ich meine Bedürfnisse eben nicht auf politische Weise formulieren konnte. Ich fand sie bis jetzt nie von einem Politiker geweckt, immer nur von den Poeten.«

Der Alte: »Was kümmern denn die Welt deine höchstpersönlichen Bedürfnisse?«

Wilhelm: »Höchstpersönliche Bedürfnisse hat ein jeder, und sie sind die eigentlichen. Für mich gibt es nur höchstpersönliche Bedürfnisse.«

Der Alte: »Aber sie sind unerfüllbar, im Gegensatz zu den Bedürfnissen, mit denen die Politik sich beschäftigt. Erfüllt werden sie nur im Schein der Poesie.«

Wilhelm: »Dieser Schein bedeutet aber doch die Hoffnung, daß sie erfüllbar sind — denn sonst würde es nicht einmal den Schein davon geben.«

Der Alte: »Wilhelm, laß dich nicht betrügen von deinem poetischen Weltgefühl.«

Wilhelm: »Wenn nur beide, das Poetische und das Politische, eins sein könnten.«

Der Alte: »Das wäre das Ende der Sehnsucht und das Ende der Welt.«

Entgegenkommende italienische Gastarbeiter auf der Landstraße, eine Flasche Wein in der Hand. Kommentare zu Therese, freundliches Grüßen im Vorbeigehen. Einer stößt plötzlich laut das Fragment eines italienischen Liedes heraus.

Wilhelm zum Alten: »In der Nacht sah ich Sie neben dem Bett auf dem Boden liegen. Sie hatten so etwas wie eine Geißel in der Hand. Wofür wollen Sie büßen?«

Der Alte stumm.

Wilhelm: »Ich glaube, jetzt ist es Zeit, daß Sie Ihre Geschichte erzählen.«

Der Alte: »Ich habe vorhin gerade das Lied eines Juden gesungen.«

Wilhelm: »Er war Ihr Freund?«

Der Alte: »Ich habe ihn umgebracht.«

Schweigend gehen beide nebeneinander.

Der Alte: »Erinnerst du dich an den Schaffner im Zug, wie er mich beim Weggehen militärisch gegrüßt hat? Er war damals mein Adjutant in Wilna. Übrigens habe ich viele Juden gerettet, wenn sie Fachjuden waren.«

Sie gehen an einem Teich vorbei.

Wilhelm: »Können Sie schwimmen?«
Der Alte: »Woher weißt du, daß ich nicht schwimmen kann?«
Wilhelm: »Ich habe es mir gewünscht.«

Sie gehen stumm nebeneinander.

Mignon weit vorn auf einer Hügelkuppe, von wo sie zurückwinkt.

Wilhelm: »Das ist also das Geheimnis des Nasenblutens?«
Der Alte: »Wie barbarisch, in diesen alten Fachwerkhäusern so große neue Fenster ausbrechen zu lassen.«

Ein Fachwerkhaus.

Alle fünf von hinten, wie sie zwischen den Hügeln gehen.

Ein schwankender Baumwipfel.
Eine Gegenlichteinstellung: Gras.

Mignon und Therese, die eingehängt gehen.

Im Vorbeigehen ein Gastarbeiter im Gras, im Unterhemd, der Speck ißt und aus einem Kofferradio mazedonische Lieder hört.

Der den Schirm schwingende Bernhard.

Der Alte: »Wie schön dieses Land ist. Immer wieder kriege ich Lust, mich hineinfallen zu lassen und darin zu vergehen. Wie herzlich das Gras schimmert, ganz von innen heraus, und wenn ich so gehe, ist mir zumute, als hätte ich Siebenmeilenstiefel an. Dann verstehe ich sogar deine Abneigung gegen Politik, lieber Wilhelm.«

Eine Gruppe von Wanderern kommt ihnen entgegen, Männer und Frauen in Knickerbockern, Windjacken um die Hüften gebunden. Sie singen im Vorbeigehen »Wem Gott will rechte Gunst erweisen ...« oder etwas Ähnliches.

Der Alte: »Die Natur ist mir lebenswichtig. Ich vergesse darin, was früher war. Ach, die unschuldigen Lagerfeuer meiner Jugend. Wir warfen Hölzchen und lasen die Zukunft daraus. Wie wir lachend durch das Feuer sprangen, ohne uns dabei etwas zu denken. Was für ein Gemeinschaftsgefühl. Und wir konnten uns noch über die im Feuer gebackenen Kartoffeln freuen, während die Wohlstandskinder heute sich abenteuerlich vorkommen, wenn sie im Garten ihrer Eltern ein Spanferkel am Spieß drehen. Wie gereinigt wird die Erinnerung von der Natur! Man darf nur nichts anfassen. Dann merkt man, wie hart das Gras geworden ist seit damals, und daß die Stengel unten von Jahr zu Jahr blasser werden und daß es nach nichts mehr riecht, höchstens nach nassem Papier und Hundekot.«

Sie gehen an einem Mann vorbei, der im Jägeranzug auf einer Bank sitzt und versunken Trompete bläst.

Wilhelm läßt den Alten allein und schließt sich Bernhard an.
Bernhard: »Ich versuche mich die ganze Zeit an meinen Traum zu erinnern. Er handelte von unserem Hausherrn, das weiß ich. Übrigens ist mir gerade ein kurzes Gedicht eingefallen, eine Art Haiku.«

Wilhelm: »Ich glaube, für's Schreiben ist es besser, daß einem was auffällt, statt daß einem was einfällt.«

Bernhard: »Willst du es hören?«

Wilhelm: »Und ich habe gerade eine kurze Geschichte erfunden.«

Bernhard: »Erzähl sie.«

Wilhelm: »Sag du zuerst dein Gedicht.«

Bernhard: »Es heißt LIEBEVOLL. LIEBEVOLL:

>   Liebevoll
>   schaut die Mutter den Kindern
>   beim Essen zu.

Gedicht von Bernhard Landau.«

Wilhelm: »Meine Geschichte ist auch ziemlich kurz. Sie geht ungefähr so: ›Endlich war er fähig, ihr zu sagen, daß er sie liebe. Im Moment, als er sagte ICH LIEBE DICH, griff sie zufällig nach dem Zahnstocher, und von da an haßte er sie sein Leben lang.‹«

Bernhard: »Hat er sie denn geheiratet?«

Wilhelm: »Selbstverständlich, weil er doch gesagt hatte, daß er sie liebe.«

Bernhard: »Das solltest du noch erwähnen in deiner Geschichte. Sonst ist sie nur eine Pointe. Außerdem solltest du den zweien Namen geben. ›Er‹ und ›Sie‹, das sind so zwei Witzfiguren.«

Wilhelm: »Wie soll ich sie nennen?«

Bernhard: »Anton und Martha.«

Wilhelm: »Sehr gut. ›Endlich war Anton fähig, Martha zu sagen, daß er sie liebe . . .‹ Ich glaube, das wird ein Roman.« Die Kamera bleibt stehen und läßt sie weitergehen.

Sie gehen an einem einzelnen Kind mit verbundenen Augen vorbei, das mit vorgestreckten Armen suchend aus einem Wald kommt, obwohl kein andres Kind zu sehen ist.

Wilhelm schließt zu Therese und Mignon auf, berührt Therese. Mignon läuft vor den beiden auf den Händen, wartet dann auf Bernhard, spannt Bernhards Schirm auf.

Totale der fünf Gehenden, der Alte weit zurück.

Therese: »Du hast mich nicht gesucht.«
Wilhelm: »Doch. Ich habe dich gesucht.« Er streicht über ihr Gesicht. »Dein Gesicht ist ganz weich. So traurig bist du also.«
Therese: »Ja.«
Wilhelm: »Sag mir jetzt nicht, was du denkst.«
Therese: »Du wolltest mir viel sagen.«
Wilhelm: »Alles, was ich sagen wollte, ist auf einmal gegenstandslos geworden. Es kriecht so lustlos in mir herum, als ob ich es gar nicht meine. Heute möchte ich wirklich mit dir allein sein. Ich habe keine Angst mehr wie sonst, mit jemandem allein zu bleiben.
Therese: »Der Traum vom Schlittschuhlaufen war übrigens erfunden. Es war mir nur so zumute.«
Wilhelm: »Ich hab's gemerkt. Deswegen habe ich weggeschaut, wie du davon geredet hast.«
Therese: »Hast du übrigens gerade die neben dem Weg verstreuten Vogelfedern gesehen?«
Wilhelm: »Ja, warum?«
Therese: »Ist dir nichts daran aufgefallen?«

Wilhelm: »Ich habe nicht so genau hingeschaut.«

Therese: »Ein gelber Schnabel lag darunter. Du übersiehst überhaupt sehr viel, finde ich.«

Wilhelm: »Das stimmt. Ich muß mich zum Beobachten meistens zwingen. Alle andern sehen an einer Sache mehr Einzelheiten als ich.«

Therese: »Und trotzdem willst du als Schriftsteller leben?«

Wilhelm: »Ich weiß, ich habe nicht das, was man Beobachtungsgabe nennt, aber, wie ich mir einbilde, die Fähigkeit zu einer Art von erotischem Blick. Plötzlich fällt mir etwas auf, was ich immer übersehen habe. Ich sehe es dann aber nicht nur, sondern kriege gleichzeitig auch ein Gefühl dafür. Das meine ich mit dem erotischen Blick. Was ich sehe, ist dann nicht mehr nur ein Objekt der Beobachtung, sondern auch ein ganz inniger Teil von mir selber. Früher hat man dazu, glaube ich, Wesensschau gesagt. Etwas Einzelnes wird zum Zeichen für das Ganze. Ich schreibe dann nicht etwas bloß Beobachtetes, wie die meisten das tun, sondern etwas Erlebtes. Deswegen will ich eben gerade Schriftsteller sein.«

Sie gehen eine Zeitlang schweigend. Die Landschaft. Therese: »Es müßte etwas passieren, Wilhelm. Alles ist so selbstverständlich, so fertig, so zugenäht. Ich habe keine Lust mehr zum Spazierengehen. Das kommt mir wie ein Aufschub vor. Wir müssen etwas tun.«

Wilhelm, groß: »Hast du schon einmal jemanden umbringen wollen?«

58

Therese und Wilhelm. Therese: »Nein.«

Wilhelm: »Ich schon. Vor allem als Kind hatte ich oft eine richtige Mordlust. Im Moment habe ich sie zum Beispiel wieder. Und ich möchte dabei nicht einmal ein Werkzeug benutzen, sondern es mit den bloßen Händen machen.«

Therese: »Wen meinst du?«

Sie gehen.

Therese: »Ich weiß, wen du meinst.«

Wilhelm: »Ich werde es dir später erzählen.«

Therese: »Immer wollen wir hier später über etwas reden. Ich auch. Wie ich zum Beispiel gestern von meinem Beruf als Schauspielerin erzählen wollte und es dann auf später verschob ... Später Genaueres. Es ist immer so. Auch der Alte verschiebt seine Geschichte jeden Tag ...«

Wilhelm: »Mir hat er sie gerade verraten.«

Therese: »Erzähl.«

Wilhelm: »Später.«

Beide lachen.

Therese: »Was hast du übrigens gestern abend aufgeschrieben, während der Hausherr von der Einsamkeit sprach?«

Wilhelm: »Das von dem erotischen Blick. Ich schaute nämlich auf dich. Dein Gesicht war sehr müde und abwesend, und auf einmal gab's keine Entfernungen mehr. Das habe ich aufgeschrieben.«

Sie gehen schweigend nebeneinander.

Therese: »Gerade vorhin noch sind mir vor Traurigkeit

richtig die Augäpfel angeschwollen.«

Wilhelm: »Und jetzt?«

Therese: »Auch jetzt bin ich traurig, aber anders. Hör zu.« Sie ruft in die Landschaft. Es gibt ein Echo. Therese lächelt. Wilhelm legt den Arm um sie.

Totale aller Wanderer. Bernhard geht auf einmal schneller und schließt sich Wilhelm und Therese an.

Bernhard zu Wilhelm: »Jetzt ist mir der Traum eingefallen. Unser Hausherr lief über eine Küstenstraße. Ein Mann mit einer Filmkamera verfolgte ihn. Der Hausherr schrie: ›Schluß mit der Unterdrückung! Es leben die Ausgebeuteten dieser Erde!‹ Darauf sprang er über die Straßenbegrenzung und stürzte sich hinunter. Ich sah den Film, den der Kameramann von seinem Fall drehte. Tief unten war das Meer, und der Hausherr stieß während seines ganzen langen Falls ein einziges ununterbrochenes Brüllen aus. Ich wunderte mich, wie gut der Ton war. Dann schlug er brüllend auf und trieb in der unendlichen Ferne mit dem Bauch auf dem Wasser.«

Wilhelm: »Kehren wir um.«

Therese: »Ja, gehen wir zurück. Ich habe Angst.«

Sie kehren um.

Wie sie schnell durch die Landschaft gehen.

Wie sie laufen.

Das Anwesen im hellen Tageslicht. Ein Drachen steigt dahinter auf.

Die fünf, die sich nun langsam auf der Straße dem Haus nähern. Ein leises Pfeifen, das, je näher sie kommen, hörbarer wird.

Das Haus nah, ein Fenster offen. Ein starkes Pfeifen von einem Teekessel.

Sie gehen durch das Gartentor hinein. Das Pfeifen durchdringend.

Das offene Fenster ganz nah. Drinnen der glänzende Teekessel. Schrillstes Pfeifen. Dampf.

Wilhelm geht ans Fenster und schaut hinein. Er stößt Mignon zurück, die ihm nachwill.

Der Hausherr am Boden. Er hat sich mit dem Gewehr in den Mund geschossen.

Das Haus von außen, die fünf. Der Drache oben am Bildrand. Langsame Kamerabewegung von ihnen weg, in einem Halbkreis auf die Ebene hinunter.

Das Bild der Ebene und des Himmels. Schrift über dem Bild: »Manchmal starrte ich lange vor mich hin, absichtlich ohne etwas anzuschauen. Dann machte ich die Augen zu, und erst an dem Nachbild, das sich dabei ergab, merkte ich, was ich vor mir gehabt hatte. Auch während ich schreibe, schließe ich die Augen und sehe einiges ganz deutlich, das ich bei offenen Augen gar nicht wahrnehmen wollte.«

Kurz eine Doppelbelichtung: Die Ebene und die Leiche des Hausherrn, dann verschwindet die Leiche aus dem Bild, auch die Schrift. Langsame Abblende.

Das bedunstete Seitenfenster eines Autos mit Schriftzeichen.

Mignon, die mit dem Finger auf die Scheibe schreibt.

Alle fünf im fahrenden Auto.

Das Ortsschild SOEST, schräg durchgestrichen.

Von oben: das Auto hält an einer Landstraße. Bernhard und Wilhelm steigen aus. Sie geben einander die Hand. Wilhelm steigt wieder ein. Das Auto fährt weiter. Bernhard, der mit dem Schirm winkt, ihn aufspannt und querfeldein geht.

Die übrigen vier an einer Autobahnraststätte. Sie stehen um das Auto herum und trinken aus Coca-Cola-Konserven. Therese will dem Alten ihre Konserve reichen. Der Alte schüttelt den Kopf.

Eine fast stehende Autokolonne in der Nacht.

62

Aus dem fahrenden Auto. Ein Hinweisschild: AUTO-
BAHN FRANKFURT . . . Dunstschwaden über der
Autobahn.

Das Auto von innen in der Nacht. Therese und Wilhelm schauen einander an.

Die schlafende Mignon.

Wilhelm schaut sich nach dem Alten um, der ihn die
ganze Zeit angestarrt hatte.
Wilhelm: »Laufen Sie noch immer so schnell wie damals zu den Olympischen Spielen?«
Der Alte: »Du würdest mich bald einholen.«

Das Gesicht Wilhelms.

Das Gesicht des Alten.

Wilhelm, der die Augen schließt. Er macht sie wieder
auf und nickt: »Jetzt weiß ich, was ich tun werde.«

Frankfurt-Höchst aus dem fahrenden Auto in der
Nacht.

Das Auto, das bei Eschborn von der Autobahn herun-
terfährt.

Totale. Schwalbach am Taunus. Nacht.

Das Auto, das in einer menschenleeren Straße zwischen
den Hochhäusern hält.

Sie gehen an einer fast unbeklebten Litfaßsäule vorbei zur Haustür.

Das beleuchtete Klingelschild mit vielen Namen.

Die sich von innen öffnende Tür. Ein Mann mit einem Pudel kommt heraus und geht stumm an ihnen vorbei.

Von der Straße läuft eine Frau heran und verschwindet eilig vor ihnen im Flur. Ein Mann kommt ihr nachgerannt und verschwindet ebenfalls im Flur.

Sie warten im Flur auf den Lift.

Ein handgeschriebenes Schild »KINDERWAGEN HIER NICHT ABSTELLEN!«

Das Licht geht aus. Von überall Fernsehergeräusche. Das Ende eines dramatischen Films. Der Lift kommt. Schluchzgeräusche aus einer Wohnung, von einem Film?

Die vier im Lift.

Genitalsymbole in die Liftwand geritzt.

Der Alte berührt sacht die Gitarre.

Therese öffnet in einem langen Flur eine Tür: »Hier wohne ich. Wenn es hell ist, ist es vielleicht nicht so arg. Um elf Uhr nachts sehen halt alle Wände unverputzt aus, vor allem, wenn man müde ist.«

Im Schlafzimmer. Wilhelm steht am Fenster. Therese sitzt im Bett.

Tief unten der hellerleuchtete Supermarkt. Ein Stöhnen, wie aus einem Nebenraum. Thereses Stimme: »Der Alte stöhnt im Schlaf.«
Wilhelm, off: »Vielleicht aus Sehnsucht nach der unverfälschten Natur.«
Therese: »Wenn er nur das Kind nicht stört.«
Wilhelm: »Es ist kein Kind mehr.«
Therese: »Ich weiß.«

Wilhelm, der auf Therese zugeht: »Du weißt es?«
Therese: »Alles. Ich hab's dir sofort angesehen. Aber es ist schon recht so. Ich beneide dich, Wilhelm.«
Wilhelm: »Mich?«
Therese: »Weil du so um gar nichts bekümmert bist, jedenfalls meistens.«
Wilhelm setzt sich zu ihr: »Und du?«
Therese: »Ich weiß, es ist dir unangenehm. Aber ich kann nicht umhin, dich sehr gern zu haben.«
Wilhelm: »Warum?«

Sie schweigen.
Wilhelm: »Entschuldige.«

Therese: »Weißt du, was mir gerade so komisch vorkommt: daß mich gerade noch deine Bartstoppeln gekratzt haben und daß du an meiner Schulter mit offenem Mund gehechelt hast und daß du jetzt schon wieder dieses vernünftige Gesicht machst. Deine sachliche Miene ist so lächerlich.«

Sie schweigen.

Wilhelm, groß.

Wilhelm: »Du hast recht, Therese.« Er beugt sich zu ihr. Abblende.

Lange Totale der Schlafstadt Schwalbach am frühen Morgen.

Das Hochhaus mit der Straße. Ein Mann läuft im Trainingsanzug, ein Kind hintennach. Abblende.

Der Müllwagen fährt vor. Der Lärm mit den Mülleimern. Abblende.

Eine einzelne Frau geht mit dem Einkaufswägelchen auf der Straße. Abblende.

Ein Gärtner gräbt einen verdorrten kleinen Baum aus und wirft ihn auf seinen Lastwagen. Abblende.

Zwei Kinder auf Rollschuhen laufen vorbei, hinterdrein schlingert ein kleineres drittes auf einem Dreirad. Abblende.

Eine andere Frau geht mit dem Einkaufswägelchen in die entgegengesetzte Richtung. Abblende.

Die Hauswartsfrau putzt Klingelschild und Haustür. Abblende.

Die leere Straße. Die Mittagsglocken läuten. Abblende.

Ein Kind mit einer Schultasche geht vorbei. Abblende.

Ein dunkel gekleideter Mann mit schwarzem Aktenkoffer zieht eine Packung aus einem freistehenden Zigarettenautomaten, geht dann sportlich schnell ins Haus. Eine leere Plastiktragetasche schlittert ihm nach über die Straße. Abblende.

Eine Frau schleppt aus ihrem Zweitwagen-VW einen Karton mit im Großmarkt gekauften Waren ins Haus. Abblende.

Langsame Kran-Fahrt durch die »Wohnstadt«, bis zu einem Kinderspielplatz. Zwei schaukelnde Kinder: »Lernst du auch Megenlehre?« — »Stinklangweilig.« — (Singend) »Menge A plus Menge B ist Menge C, Menge A plus Menge B ist Menge C . . .« — Ich habe eine Freundin im dritten Stock.« — »Und ich eine im achten.« — Früher hatte ich noch eine oben im Penthouse.«

Wilhelm, der dabeisitzt, zuhört und schreibt.

Die Straße vor dem Hochhaus, am späteren Nachmittag. Eine Frau bleibt stehen und wird plötzlich wahnsinnig. Sie lacht und schreit in hohen Tönen und tanzt dazu schwerfällig im Kreis. Sie lacht und schreit rhythmisch, es kommen immer wieder die gleichen Folgen vor. Einige Leute, auch Kinder, bleiben stehen und schauen ihr zu. Der Hausmeister kehrt zwischen ihren Füßen und um sie herum. Auch Wilhelm und Therese schauen zu. Der Anfall der Frau dauert lange. Auf einmal setzt sie sich aber auf den Gehsteig und zündet sich ruhig eine Zigarette an. Ein paar klatschen. Die Frau grinst. Der Hausmeister will die Frau wegheben. Sie springt auf und vertreibt ihn, indem sie schrill in eine Mundharmonika bläst. Dann geht sie hüpfend weg. Die Leute zerstreuen sich.

Wilhelm und Therese groß. Wilhelm: »Komm schnell, wir müssen hinauf.«

Sie laufen ins Haus.

Vor der Wohnungstür. Wilhelm horcht. Musik von Vivaldi.

Wilhelm: »Gottseidank. Ich bin erleichtert. Als die Frau verrückt wurde, hatte ich auf einmal die Vorstellung, es seien auch sonst überall Katastrophen ausgebrochen. Ich dachte, die Wohnung brennt, und Mignon wäre darin, tot.« Abblende.

In den Hochhäusern gehen schon wieder die ersten Lichter an. Vorhänge werden vorgezogen, Jalousien heruntergelassen. Abblende.

Das Hochhaus in der Nacht, bläuliches Licht von den Fernsehern in manchen Fenstern. Unten an der Straße das Telefonhäuschen, hell erleuchtet und leer.

Thereses Wohnung am Abend. Das Arbeitszimmer. Therese lernt einen Text. Wilhelm schreibt. Die Tür zum Nebenzimmer ist halb offen. Der Alte und Mignon sitzen darin vor dem Fernseher.

Therese, nachdem sie lange nur vor sich hingeschaut hat: »Ich habe ein großes Unsinnigkeitsgefühl. Gerade habe ich versucht, mir einen bestimmten Satz in dem Stück hier zu merken. Da sah ich diese Streichholzschachtel auf dem Tisch und dachte: »Warum kommt eigentlich die Streichholzschachtel in dem Text nicht vor? Sie müßte doch unbedingt vorkommen! Es ist so künstlich, sich immer mit den Sätzen von anderen ausdrücken zu müssen. Nur wenn ich mich ganz lange erinnere, wird manchmal so ein Text selbstverständlich, weil mir dann einfällt, daß ich Ähnliches doch schon erlebt habe. Ich hatte es nur vergessen. Und wenn ich mich erinnere, dann kann ich auch spielen, ohne das Erstickungsgefühl, das ich immer habe, wenn ich nicht weiß, was ich tue und warum ich es tue. Und nach dieser Erinnerungsarbeit kriege ich auch richtig Lust zum Theaterspielen und bin ganz glücklich dabei. Aber immer öfter komme ich überhaupt nicht mehr zum Erinnern und spiele dann wie eine Maschine. Bei der letzten Vorstellung konnte ich einmal nicht mehr weitersprechen, obwohl ich den Text genau im Kopf hatte und auch die Souffleuse ihn mir vorsagte. Das nachzusprechen ist doch eine einzige Erniedrigung, habe ich gedacht.«

Im Fernsehen: »Jeanne d'Arc« von Dreyer.

Therese: »Hilf mir, Wilhelm. Oder geh weg von hier. Es ekelt mich an, daß du dich von nichts berühren läßt.«
Wilhelm: »Gestern hast du mich noch darum beneidet.«
Therese: »Aber heute ist es mir widerwärtig. Mir hat jemand einmal eine Geschichte erzählt, wie er zu einer Nutte kam. Weil die Nutte immerfort sagte, daß er sich beeilen sollte, war er nicht fähig, mit ihr zu schlafen. Ich bin doch ein Mensch und keine Maschine, sagte er. Und ich, bin ich vielleicht kein Mensch? sagte die Nutte empört. Und sie hatte, glaube ich, recht. So hast du sicher auch recht. Obwohl ich dich gerade totschlagen möchte . . .«
Wilhelm: »Hast du den Alten gehört? Er redet sogar bei einem Stummfilm von seiner Natur.«
Sie schweigen.
Wilhelm: »Tu's doch. Bring mich doch um.«

Therese geht zu Wilhelm und schlägt auf ihn ein. Er duckt sich und hält sich die Hände vor. Therese schlägt meistens daneben, aber sie hört nicht auf.

Totale der Wohnung mit dem Nebenraum und dem Fernseher.

Der Alte, der dem Fernseher die Zunge herausstreckt.

Therese läßt die Arme fallen. Wilhelm richtet sich auf.

Wilhelm: »Du störst mich beim Schreiben.«

Therese geht an ihren Platz zurück und nimmt das Textbuch in die Hand.

Wilhelm: »Du redest über dich und deine Arbeitsschwierigkeiten und merkst gar nicht, daß ich gerade arbeite. Es ist genauso wie mit der Streichholzschachtel, die in deinem Text nicht vorkommt — auf einmal kann ich nicht mehr weiterschreiben, weil ich das Gefühl habe, das, was du gerade gesagt hast, müßte in dem Geschriebenen vorkommen. Deswegen: laß mich in Ruhe.«

Therese: »Du hast mir gar nicht zugehört.«

Wilhelm: »Doch. Aber ich habe die ganze Zeit gedacht, daß ich dabei das Schreiben versäume.«

Therese: »Du Schwein.«

Wilhelm: »Nein. Sag das nicht, Therese.«

Sie schweigen lange.
Thereses Gesicht. Wilhelm, off: »Sag etwas. Du siehst abstoßend aus, wenn du nichts redest.«
Therese: »Was schreibst du gerade?«

Wilhelm: »Ich schreibe eine Geschichte von einem Mann, der ein gutmütiger Mensch und zugleich unfähig zu einer Art von Mitleid ist. Ich will beweisen, daß Gutmütigkeit und Erbarmungslosigkeit zusammengehören. Ich glaube, es wird eine politische Geschichte werden. Übrigens habe ich Lust, eine Bootsfahrt zu machen. Wo ist das hier möglich?«

Therese, nach langem Schweigen, während sie Wilhelm starr anschaut: »Am Main.«

Wilhelm: »Dann fahren wir morgen mit dem Boot auf dem Main. Ich möchte den Alten mitnehmen. Mignon lassen wir hier. Sie wird sich daran gewöhnen müssen, allein zu sein. Es ist wirklich eine politische Geschichte.«
Sie schweigen.
Abblende.

Am selben Abend im selben Raum. Wilhelm stellt einen Stuhl auf, geht in einer krüppelhaften Haltung auf ihn zu und verfängt sich im Stuhl, der Stuhl fällt um. Er steht auf, ordnet alles, setzt sich und schreibt.

Therese: »Was hast du?«

Wilhelm: »Ich probiere nur aus, ob das möglich ist, was ich gerade beschreibe.« Er schreibt weiter. Abblende.

Am selben Abend im selben Raum. Therese lernt. Wilhelm schreibt. Sie schmunzelt über etwas. Sie schaut auf: »Wie geht es dir?«

Wilhelm: »I'm slowly writing on.« Abblende.

Lange Totale vom Altkönig hinunter auf Frankfurt, das im Dunst liegt.

Der Main im Sonnenlicht, außerhalb der Stadt.

Therese, Wilhelm und der Alte in einem Boot, das Wilhelm nah am Ufer entlangrudert, im stilleren Wasser. Spätnachmittagslicht.

Nah: die drei im Boot, Schaum auf dem Wasser.

Der Alte spielt auf der Gitarre und summt dazu »Muddy Water«.

Die drei im Boot. Der Alte: »Ich habe mich seitdem verändert, Wilhelm. Es ist nicht nur, daß ich auf dem nackten Boden schlafe, ich habe ohnedies Schmerzen im Rückgrat. Es war damals auch eine ganz andere Zeit, das mußt du verstehen. Wir unterschieden, fast wie du jetzt, zwischen dem Natürlichen und der Politik, und aus unserer Verteidigung des Natürlichen gegen die verhaßte Politik ist schließlich die fürchterlichste Politik geworden. Das erkannte ich freilich erst nachher.«

Wilhelm, der ihn stumm anschaut.

Der Alte: »Seid ihr schon einmal am Abend im Wald gegangen, wenn es vorher geregnet hatte? Man geht schon im Finstern, und nur die Pfützen am Boden schimmern noch hier und dort, weil sich der hellere Himmel darin spiegelt. Das ist das angemessene Leben für mich, und ich vermisse niemanden, wenn ich so für mich hingehe. Ja, gern wäre ich der letzte Mensch auf der Erde, und wenn doch noch einer auftaucht, würde ich ihn erwürgen, zertreten, zerquetschen. (Er hat plötzlich eine Fratze gezogen.) Ich bitte euch, mir dieses Leben zu lassen.«

Wilhelm nimmt ihm die Gitarre weg und schmeißt sie in den Fluß.

Die versinkende Gitarre.

Der Alte steht auf. Das Boot schwankt. Wilhelm legt die Ruder weg: »Sie können wirklich nicht schwimmen?«

Der Alte setzt sich wieder, grinst verwirrt: »Ich weiß, Wilhelm, du willst bald weiter. Nimm mich mit. Ich kann auch Tierstimmen nachmachen. (Er tuts.) Und ich koche gut, vom Nordseeheilbutt bis zur Leberknödelsuppe.«

Wilhelm steht auf und zieht den Alten auf die Füße. Wilhelm: »Wart Rosenthal, jetzt hab ich dich.«

Der Alte beginnt aus der Nase zu bluten.

Wilhelm und der Alte groß.

Therese, die zuschaut.

Wilhelm schaut um sich. Auch der Alte schaut um sich.

Der leere Fluß, nur weit weg fährt ein Lastkahn.

Wilhelm packt den Alten und drängt ihn an den Boots-rand: »Nicht wahr, früher war das Wasser hier klar und rein?«

Der Alte schaut ihn in stummer Todesangst an.

Therese: »Komm, fahren wir zurück.«

Wilhelm, der den Alten lange gepackt hält.

Beide setzen sich. Wilhelm reicht dem Alten ein Taschentuch für die blutende Nase.

Wilhelm, das Ruder in der Hand, mit gesenktem Kopf: »Ich kann jetzt nicht rudern.«

Therese und Wilhelm tauschen die Plätze.

Therese rudert.

Die drei: Therese, der Alte, den Kopf im Nacken, Wil-helm, das Gesicht in den Händen.

Vom Ufer aus: das Boot legt an. Sie steigen aus.

Am Ufer: der Alte läuft sofort weg, kaum daß er ausgestiegen ist.

Wilhelm und Therese: Nur sie schaut dem Alten nach.

Weit weg in den Auen: der laufende Alte. Wilhelm, off: »Es ist doch ein Unterschied zu der Katze damals.«

In Thereses Küche. Therese im Vordergrund beim Bügeln. Wilhelm sitzt dahinter und liest Zeitung. Es ist Nacht, indirektes Licht in der Küche. Nur die Kontroll-Lichter von Waschmaschine und Spülautomat, die gerade in Betrieb sind, leuchten, ebenso manchmal das Kontroll-Licht am Bügeleisen. Ein Kofferradio steht auf dem Tisch: »Il cardellino«, op. 10 von Vivaldi, der zweite Satz »cantabile«. Dazwischen das Brausen der Maschinen.

Therese: »Wann fährst du?«

Wilhelm: »Morgen. Woran hast du es gemerkt?«

Therese: »Du versprichst dich so oft beim Reden in der letzten Zeit. Daran habe ich gemerkt, daß du mit den Gedanken schon woanders warst. Wohin wirst du fahren?«

Wilhelm: »Ich habe gerade in der Zeitung ein Foto von der Zugspitze gesehen. Ich war noch nie auf der

Zugspitze. Es fährt eine bequeme Zahnradbahn hinauf.«

Therese? »Und wenn ich dich bitte, hier zu bleiben?«

Wilhelm: »Ich bin im Moment ziemlich durcheinander. Ich spüre nichts mehr von mir selber, du könntest mir das Gesicht zerkratzen. Ich habe sogar ein Unbehagen davor, mich zu spüren. Vorhin sah ich mich im Spiegel und kriegte auf einmal eine Ahnung, was ich war. Ich bin erschrocken darüber, es war nämlich ein ekelhaftes Körpergefühl, als ob ich mich schwul zu mir selber verhalte, jedenfalls so ähnlich, und ich dachte, da laß mich doch lieber weiter so zerstreut und mißmutig sein, das ist noch erträglicher als dieser Zustand aus der Pubertät. Schlimm ist nur, daß ich vor Mißmut nicht nur mich selber nicht mehr spüre, sondern auch nichts andres mehr, nicht einmal dich. Ich kann auch nichts schreiben vor Unbehaglichkeit. Bei allem, was ich sehe, schaue ich sofort weg, wie eine Nonne, nur nicht so unauffällig. Es ist, als ob das Entscheidende und Aufregende an einem Spiel schon vorbei ist, aber das Spiel geht immer noch weiter. Das ist eine richtige Zeit der Unbehaglichkeit und des Mißmuts. Ich möchte in einem Schneesturm herumgehen. Deswegen fahre ich auch weg: damit ich mir klar werde, warum ich so mißmutig bin. Wenn ich allein bin, werde ich mich wieder erinnern können, vor allem an dich, und wenn ich mich wieder erinnern kann, fühle ich mich auch wohl und habe Lust zu schreiben. Als Erinnerungsvorgang wird das Schreiben, glaube ich, endlich selbstverständlich werden. Schon mit dem Reden jetzt erinnere ich mich und kriege Lustgefühle. Ich weiß, daß ich dich später sehr lieben werde, Therese.« Er steht auf und umarmt sie, während sie weiterbügelt.

Eine langsame Fahrt der Kamera von einem Kontroll-Licht zum andern.

Die Tür geht auf. Mignon kommt herein.

Wilhelm: »Mignon, ich fahre morgen weg. Du mußt selber entscheiden, bei wem du bleiben willst. Dein Freund wird jedenfalls nicht zurückkommen.«

Mignon lächelt und macht die Cary-Grant-Handbewegung.

Wilhelm: »Du weißt also schon, was du tun wirst?«

Mignon nickt lächelnd.

Wilhelm, fröhlich: »Wie trennen wir uns also?«

Therese: »Irgendwo im Getümmel.«

Wilhelm: »Es wäre schön, wenn es immer so sein könnte. Ich würde dir zuschauen, die Maschinen würden sausen, und die Lämpchen würden leuchten.«

Alle drei. Abblende, in der zuletzt nur noch die Kontroll-Lichter glimmen.

Aufblende: das Main-Taunus-Einkaufszentrum bei Frankfurt-Höchst. Die Einkaufsstraße, voll von Leuten.

Wilhelm, Therese und Mignon gehen die Straße entlang. Wilhelm trägt einen Koffer.

Blick auf die Felder und die Hochhäuser von Eschborn hinter den Feldern.

Sie gehen schweigend.

Ein Mann, der sein Kind filmt.

Wilhelm: »Auf diesem Film sind wir mit drauf.«

Sie gehen weiter. Wilhelm: »Ich möchte einmal ein Gedicht darüber schreiben, auf wievielen Fotos und Filmen ich zufällig mit drauf bin.«

Im Weitergehen. Wilhelm stößt an Therese: »Entschuldigung.«

Sie gehen auf den Springbrunnen zu.

Die Gesichter von Entgegenkommenden.

Therese stößt im Gehen an Wilhelm: »Soll ich mich jetzt auch entschuldigen?«
Wilhelm: »Was wirst du jetzt tun?«
Therese: »Heute?«

Wilhelm: »Nein, überhaupt.«

Therese: »Ich fahre weg. Ich kann hier nicht mehr bleiben.«

Wilhelm: »Wohin willst du fahren?«

Therese: »Nach Süden. Wahrscheinlich nach Italien. Es macht mir nichts, wenn sich dort die Männer auf den Boden legen, um mir unter den Rock zu schauen. Ich werde arbeiten. Warum fährst du nicht auch in ein anderes Land?«

Wilhelm: »Ich weiß noch zu wenig von Deutschland, um darüber schreiben zu können.«

Sie bleiben am Springbrunnen stehen. Wilhelm setzt den Koffer ab. Er versucht einen Witz: »Dort unten wird es so heiß sein, daß du auf einmal rückwärts gehst.«

Therese: »Werden wir uns noch einmal sehen?«

Wilhelm: »Das ist notwendig.«

Therese legt ihm die Hand auf den Arm, dreht sich um und geht, auf den Eingang von HERTIE zu.

Mignon, groß.

Mignon läuft Therese nach und hängt sich bei ihr ein. Beide verschwinden in dem Warenhaus, im Luftgebläse über dem Eingang wehen noch die Haare.

Wilhelm allein. Er will den Koffer aufheben. Ein Mann tritt auf ihn zu.

Der Mann: »Verzeihen Sie. Ich habe eine Bitte.«

Wilhelm: »Ja?«

Der Mann: »Könnten Sie bitte ein Foto von mir machen? Der Apparat hat keinen Selbstauslöser. Es ist alles schon eingestellt.«

Wilhelm: »Gern.«

Der Mann: »Das ist sehr freundlich von Ihnen.«

Es setzt sich an den Brunnenrand und schaut in die Ferne.

Der Mann, durch den Sucher gesehen.

Wilhelm drückt auf den Auslöser. Der Mann kommt zurück: »Ich bin Ihnen sehr dankbar. Das wird eine schöne Erinnerung sein.« Er geht. Im Weggehen: »Ich wünsche Ihnen alles Gute.«

Der Springbrunnen von oben. Wilhelm entfernt sich mit dem Koffer. Langsame Überblendung: die Zugspitze im Schnee. Gleichzeitig ein anschwellendes Sturmgeräusch.

Eine weiße Schneewächte gegen den grauen Himmel, lange. Das Sturmgeräusch. Ein Schreibmaschinengeräusch dazwischen, das immer stärker wird.

THE END.

Venedig, Juli/August 1973

1942 in Griffen/Kärnten geboren.
1944–1948 lebt er in Berlin. Dann Volksschule in Griffen.
1954–1959 als Internatsschüler Besuch des humanistischen Gymnasiums. Die letzten zwei Jahre in Klagenfurt.
1961–1965 Studium der Rechtswissenschaften in Graz.
1963–1964 *Die Hornissen* (Graz, Krk/Jugoslawien, Kärnten).
1964–1965 *Sprechstücke* (Graz). Umzug nach Düsseldorf.
1963–1966 *Begrüßung des Aufsichtsrats* (Graz, Düsseldorf).
1965–1966 *Der Hausierer* (Graz, Düsseldorf).
1967 *Kaspar* (Düsseldorf).
1968 *Das Mündel will Vormund sein* (Düsseldorf).
1965–1968 *Die Innenwelt der Außenwelt der Innenwelt* (Graz, Düsseldorf). Umzug nach Berlin.
1969 *Die Angst des Tormanns beim Elfmeter* (Berlin).
Quodlibet (Berlin, Basel).
Umzug nach Paris.
1968–1970 *Hörspiele* (Düsseldorf, Berlin, Paris).
1970 *Chronik der laufenden Ereignisse* (Paris).
Der Ritt über den Bodensee (Paris).
1971 *Der kurze Brief zum langen Abschied* (Köln).
Umzug nach Kronberg.
1972 *Wunschloses Unglück* (Kronberg).
1973 *Die Unvernünftigen sterben aus* (Kronberg).
Umzug nach Paris.
Falsche Bewegung (Venedig).
1972–1974 *Als das Wünschen noch geholfen hat* (Kronberg, Paris).
1974 *Die Stunde der wahren Empfindung* (Paris).

Über Peter Handke

Herausgegeben von Michael Scharang
edition suhrkamp 518

Der Band enthält neben zahlreichen Rezensionen zu allen Werken von Peter Handke folgende Beiträge:

Michael Springer, Im Internat

Peter Laemmle, Literarischer Positivismus: Die verdinglichte Außenwelt

Hilde Rubinstein, A propos Handke ...

Klaus Hoffer, »Allgemeine Betrachtungen« (zu Handkes ›kurzem Brief‹)

Jörg Zeller, Handkes Stellung zur Sprache

lutz holzinger, handkes hörspiele

Heinz Ludwig Arnold, Innovation und Irritation als Prinzip. Zu Peter Handkes »Kaspar«

Mechthild Blanke, Zu Handkes »Kaspar«

Herbert Gamper, Bemerkungen zum Stück »Der Ritt über den Bodensee«

Peter Hamm/Peter Handke, Der neueste Fall von deutscher Innerlichkeit

Stellungnahmen junger österreichischer Autoren zu Peter Handke (Peter Matejka, Manfred Chobot, Hans Trummer)

Wolfgang Werth, Handke von Handke

Ernst Wendt, Handke 1966–71

Der Band wird beschlossen durch eine umfangreiche »Peter-Handke-Bibliographie« von Harald Müller.

Peter Handke
Die Stunde der wahren Empfindung

»Das Glück dieses Buches, das artistische Gelingen kommt aus der Leidenschaft, mit der es die Verschlingungen und Lösungen eines Bewußtseinsprozesses erzählend miterlebt, vom tödlichen Ekel vor der Penetranz der Dinge bis zum überraschten Jubel über ihr bloßes Vorhandensein.«

Urs Jenny, Süddeutsche Zeitung

»Schonungslos, eiskalt und bedrohlich.«   Die Presse

»Wichtig, quälend, spannend.«   FAZ

»Bei Schlegel heißt es, ... daß das Beste in den besten Romanen nichts anderes ist als ein mehr oder minder verhülltes Selbstbekenntnis des Verfassers. Das gilt in hohem Maße für Handke.«

Deutsches Allgemeines Sonntagsblatt

Suhrkamp

st 229 Samuel Beckett, Molloy. Roman
Deutsch von Erich Franzen
208 Seiten
Molloy ist in mancher Hinsicht die Parallele zu *Godot*.
Der Roman beunruhigt den Leser. Die große Selbstver-
ständlichkeit seiner Sprache, seines Stils und die innere
Konsequenz seiner Aussage machen ihn zu einem
Kunstwerk und damit zu einer echten, notwendigen Zu-
mutung, der man sich stellen muß.

st 230 Gerhard Roth, die autobiographie des albert ein-
stein.
Künstel. Der Wille zur Krankheit. Drei Romane
176 Seiten
»Diese finsteren Romane, die ›man schlicht als außer-
ordentlich bezeichnen‹ kann, lassen den Leser durch ihre
klaren Bilder und hellsichtigen Metaphern ›in einen
Zustand erschreckt-ungemütlicher Fasziniertheit gera-
ten‹.« *Jörg Drews*

st 231 Paul Celan, Mohn und Gedächtnis. Gedichte
280 Seiten
»Hier war ein Reichtum an ungewöhnlichen, kühnen,
visionären Metaphern, die man nach der Ausbeute im
Surrealismus nicht mehr für möglich gehalten hatte. Ein
noch nicht gehörter, suggestiver, von Schmerz durchweh-
ter Klang wucherte wild und betäubend, grandios und
erschreckend, sanft und empörend, feurig und gekältet.
Und daneben fanden sich lapidare und asketische Verse
in einer Sprache, die wie aus Marmor gemeißelt zu sein
schien. In diesem Band war auch die *Todesfuge* ent-
halten, ein Gedicht, das seinen Schöpfer inzwischen be-
rühmt gemacht hat.« *Horst Bienek*

st 232 Peter Rosei, Landstriche. Erzählungen
122 Seiten
Vier topographisch genaue Beschreibungen eines Land-
striches, wobei die äußere Schilderung Parabel für die
innere Landschaft einer Person, für den Zustand einer
Gesellschaft ist. In »Nach Outschena« entspricht das Auf-
steigen von Talstufe zu Talstufe der fortschreitenden
Verelendung der Bevölkerung. »Ja und Nein« und »Unterwegs« erzählen von einem Außenseiter, der der Unbill
der Witterung ebenso ausgesetzt ist wie der Bedrohung
durch die ihm fremd gegenüberstehende Gruppe. Am
komplexesten ist die Erzählung »Fragen der Forschung«:
der Sinn des Gesetzes ist der zivilisierten Gesellschaft
verlorengegangen.

st 234 Han Suyin, Die Morgenflut. Mao Tse-tung, ein
Leben für die Revolution
Aus dem Amerikanischen übertragen von Siglinde
Summerer und Gerda Kurz
672 Seiten
Für diese Geschichte der chinesischen Revolution und
der Darstellung des Lebens von Mao hat Han Suyin
mehr als zehn Jahre lang Fakten gesammelt, sie sprach
mit den Schlüsselfiguren der chinesischen Revolution und
folgte der Route des Langen Marsches. Das Buch *Die
Morgenflut* ist für die Fortführung der China-Diskussion
notwendig.

st 235 Uwe Johnson, Eine Reise nach Klagenfurt
112 Seiten
In Klagenfurt hat Ingeborg Bachmann ihre Kindheit erlebt; ist diese Zeit noch zu finden in der Stadt von heute?
Danach zog sie vor, zu leben in Rom und anderswo;
was für Einladungen bietet Klagenfurt? Zitate von
Ingeborg Bachmann lösen die Recherchen Uwe Johnsons
aus, das Zusammenspiel beider Elemente illustriert die
Spannung zwischen den beiden Orten. In Rom starb
Ingeborg Bachmann am 17. Oktober 1973; in Klagenfurt
ist sie begraben.

st 236 Helm Stierlin, Adolf Hitler: Familienperspektiven
192 Seiten
Stierlins Buch dreht sich um die bis heute nicht hinrei-

chend beantwortete Frage: Welches sind die psychischen und motivationalen Grundlagen für Hitlers Aggressivität und Zerstörungsleidenschaft? Indem der Autor das vorhandene biographische und historische Material zu Rate zieht, versucht er, das singuläre Phänomen Hitler als einen Extremfall zerstörter zwischenmenschlicher Beziehungen darzustellen. So kann dieses Buch dazu beitragen, etwas verstehen zu lernen, was sich nach landläufiger Meinung jedem Verständnis entzieht: die psychische Genesis des Zerstörerischen schlechthin, das Hitler wie kein Mensch vor ihm verkörpert hat.

st 239 Bis hierher und nicht weiter
Ist die menschliche Aggression unbefriedbar?
Zwölf Beiträge. Herausgegeben von Alexander
Mitscherlich

»Mitscherlich und mit ihm die Autoren dieses Bandes sehen heute die Aufgabe vor sich, jenseits aller ›Kollektivierungsmethoden‹ mit ihrem äußeren Feindbild und jenseits aller Tabuisierung durch herrschende Gruppen den einzelnen über seine Aggressionen aufzuklären, ihn erst, einmal so weit zu bringen, daß er die Aggression erkennt, sie zugibt, mit ihr zu leben lernt . . . Das Ergebnis ist ein Buch, in dem wie niemals zuvor die gegenwärtige Diskussion zusammengefaßt ist.« *Karsten Plog*

st 241 Wolfgang Koeppen, Der Tod in Rom. Roman
192 Seiten

Der Tod in Rom ist die Geschichte einer Handvoll Menschen, die nach dem Krieg in Rom zusammentreffen: Opfer, Täter, Vorbereiter und Nachgeborene des Schreckens. Rom, die Stadt Cäsars und Mussolinis, die Heilige Stadt und die Stätte zweideutiger Vergnügungen, bringt die Vergangenheit dieser Männer und Frauen ans Licht. Koeppen beschreibt in diesem Zeitroman die verborgenen Krankheiten der deutschen Seele.

st 278 Czesław Miłosz, Verführtes Denken
Mit einem Vorwort von Karl Jaspers
256 Seiten

Miłosz, zwar nicht Kommunist, aber zeitweilig als polnischer Diplomat in Paris, beschreibt die ungeheure Faszination des Kommunismus auf Intellektuelle. Er stellt sich als Gegenspieler marxistischer Dialektiker vor, deren Argumente von höchstem Niveau und bezwingender Logik sind. Was der konsequente totalitäre Staat dem Menschen antut, zeigt Miłosz in einer Weise, die den Menschen am äußersten Rand einer preisgegebenen Existenz wiederfindet. Von solcher Vision beschreibt der Autor ohne Haß, wenn auch mit satirischen Zügen, die Entwicklung von vier Dichtern, die aus Enttäuschung, Verzweiflung, Überzeugung oder Anpassung zu Propagandisten werden konnten.

st 279 Harry Martinson, Die Nesseln blühen
Roman
320 Seiten
Dieser Roman des Nobelpreisträgers für Literatur 1974 erzählt die Geschichte einer Kindheit. In fünf Kapiteln stehen sich Menschen in der Unordnung von Zeit und selbstgerechten Gewohnheiten gegenüber. Von der Kinderversteigerung geht der Weg Martin Tomassons durch die Schemenhöfe der Furcht, des Selbstmitleids und der Verlassenheit, bis ein fremder Tod ihn aus dieser Scheinwelt stößt. Zuletzt kommt Martin als Arbeitsjunge ins Siechenheim. In dieser Welt des Alterns, der Schwäche, der Resignation regiert der schmerzvolle Friede der Armut. Martin klammert sich an Fräulein Tyra, die Vorsteherin. Ihr Tod liefert ihn endgültig dem Erwachen aus.

st 281 Harry Martinson, Der Weg hinaus
Roman
362 Seiten
Dieser Band setzt die Geschichte des Martin Tomasson fort. Das ist Martins Problem: die Bauern, bei denen er als Hütejunge arbeitet, beuten seine Arbeitskraft aus. Er wird mit Gleichgültigkeit behandelt, die Gleichaltrigen verhöhnen ihn mit kindlicher Grausamkeit. Ihm bleibt nur die Flucht ins »Gedankenspiel«, in eine Scheinwelt, aufgebaut aus der Lektüre von Märchen und Abenteuergeschichten. Die Zukunft, von der Martin sich alles erhofft, beginnt trübe: der Erste Weltkrieg ist ausgebrochen. Der Dreizehnjährige schlägt sich bettelnd durchs Land, um zur Küste zu kommen. Immer in Gefahr, aufgegriffen zu werden, erreicht er zu guter Letzt eine der Seestädte.

Alphabetisches Gesamtverzeichnis der suhrkamp taschenbücher